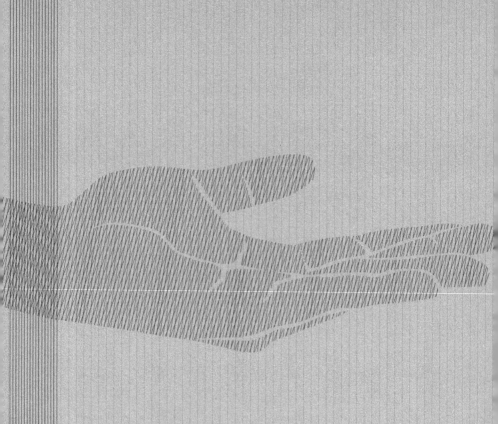

EDITORA
intersaberes

O selo DIALÓGICA da Editora InterSaberes faz referência às publicações que privilegiam uma linguagem na qual o autor dialoga com o leitor por meio de recursos textuais e visuais, o que torna o conteúdo muito mais dinâmico. São livros que criam um ambiente de interação com o leitor – seu universo cultural, social e de elaboração de conhecimentos –, possibilitando um real processo de interlocução para que a comunicação se efetive.

Políticas sociais setoriais e os desafios para o Serviço Social

Daniele Graciane de Souza
Silvia Maria Amorim Lima

Conselho editorial
Dr. Ivo José Both (presidente)
Drª Elena Godoy
Dr. Nelson Luís Dias
Dr. Neri dos Santos
Dr. Ulf Gregor Baranow

Editor-chefe
Lindsay Azambuja

Editor-assistente
Ariadne Nunes Wenger

Preparação de originais
Scriba Edições

Projeto gráfico
Laís Galvão dos Santos

Capa
Laís Galvão dos Santos (*design*)
Martin M303/Shutterstock (imagem)

Diagramação
Querido Design

Dados Internacionais de Catalogação na Publicação (CIP)
(Câmara Brasileira do Livro, SP, Brasil)

Souza, Daniele Graciane de
  Políticas sociais setoriais e os desafios para o Serviço
Social/Daniele Graciane de Souza, Silvia Maria Amorim
Lima. Curitiba: InterSaberes, 2017. (Série Políticas
Sociais Públicas)

  Bibliografia.
  ISBN 978-85-5972-484-4

  1. Política social 2. Políticas sociais setoriais 3. Serviço
social 4. Serviço social junto a idosos 5. Serviço social
junto a pessoas com deficiência 6. Sistema de Garantia de
Direitos da Criança e do Adolescente (SGDCA) 7. Sistema
Nacional de Atendimento Socioeducativo (SINASE)
I. Lima, Silvia Maria Amorim. II. Título. III. Série.

17-07062   CDD-361.37

Índices para catálogo sistemático:
1. Política social setorial : Bem-estar social 361:37

1ª edição, 2017.
Foi feito o depósito legal.

Informamos que é de inteira responsabilidade das autoras a emissão de conceitos.

Nenhuma parte desta publicação poderá ser reproduzida por qualquer meio ou forma sem a prévia autorização da Editora InterSaberes.

A violação dos direitos autorais é crime estabelecido na Lei n. 9.610/1998 e punido pelo art. 184 do Código Penal.

Rua Clara Vendramin, 58 ▪ Mossunguê ▪ CEP 81200-170 ▪ Curitiba ▪ PR ▪ Brasil
Fone: (41) 2106-4170 ▪ www.intersaberes.com ▪ editora@editoraintersaberes.com.br

Sumário

Apresentação | 7
Como aproveitar ao máximo este livro | 10

1. **O Estado e a política social no capitalismo | 15**
   1.1 O Estado como forma de organização política | 17
   1.2 Política social e Serviço Social no capitalismo | 27

2. **Políticas setoriais para a área da criança e do adolescente e o direito à educação | 47**
   2.1 Os direitos da criança e do adolescente | 49
   2.2 Especificações do direito à educação | 64
   2.3 O Serviço Social na política de educação | 75

3. **Políticas setoriais para as áreas do idoso e da pessoa com deficiência | 89**
   3.1 O processo de envelhecimento da população e suas implicações na concepção de *cidadania do idoso* | 91
   3.2 Políticas públicas e programas destinados ao atendimento à pessoa com deficiência | 107

4. **Desafios do Serviço Social diante das políticas públicas | 131**
   4.1 As políticas públicas de meio ambiente, saneamento básico, cidades e habitação | 133
   4.2 As políticas públicas de igualdade racial | 147
   4.3 As políticas públicas de enfrentamento da violência | 155
   4.4 As políticas públicas de juventude | 169
   4.5 As políticas públicas de segurança pública | 178

Estudo de caso | 189
Para concluir... | 193
Referências | 197
Respostas | 217
Sobre as autoras | 223

Apresentação

Esta obra se contitui em uma leitura de fácil compreensão sobre o tema das políticas setoriais para as seguintes áreas: crianças, adolescentes e idosos; direito à educação; pessoa com deficiência; meio ambiente; saneamento básico; cidades; habitação; igualdade racial; enfrentamento da violência; juventude; e segurança pública. Ao elaborá-la, esforçamo-nos em escrever um livro que tivesse uma linguagem acessível e que explicasse os elementos essenciais que articulam o trabalho do assistente social com as políticas públicas.

Organizamos o livro em quatro capítulos, os quais convergem entre si de forma a explicitar os principais marcos legais brasileiros relativos às políticas setoriais mencionadas, em articulção com o trabalho do assistente social.

No primeiro capítulo, introduzimos a discussão acerca do aparelho político do Estado, de modo a esclarecer a diferença entre política estatal e política de governo, mostrando que o Estado é o ente privilegiado na elaboração da política pública, no primeiro caso, e aquele que permite o cofinanciamento, no segundo. Também demonstramos a relação entre o tema central da obra e a atuação do Serviço Social no capitalismo e analisamos os desafios postos para a intervenção dos assistentes sociais.

No segundo capítulo, abordamos os direitos da criança e do adolescente e apresentamos o Sistema Nacional de Atendimento Socioeducativo (Sinase) e o Sistema de Garantia de Direitos da Criança e do Adolescente (SGDCA), relacionando-os aos direitos humanos e de cidadania de crianças e jovens no Brasil. Tratamos também da educação como um direito social e constitucional e da contribuição do Serviço Social para a política educacional. Mostramos que, no Brasil, o assistente social intervém na área da educação desde o surgimento das primeiras escolas, em busca de consensos sociais, nos anos de 1930. Porém, a consolidação do projeto ético-político profissional contribuiu para que o Serviço Social expandisse sua atuação, construindo, por meio dos seus órgãos representativos, algumas especificidades acerca de suas atribuições na educação.

No terceiro capítulo, examinamos as políticas setoriais para as áreas do idoso e da pessoa com deficiência e sua relação com o Serviço Social, bem como buscamos demonstrar como o processo de envelhecimento populacional brasileiro contribuiu para que o Estado privilegiasse essas categorias da sociedade na construção de marcos normativos que garantissem alguns direitos sociais. Enfocamos também o conceito de *pessoa com deficiência*, abordando as mudanças de termos que, historicamente, foram utilizados em referência a elas.

No quarto e último capítulo, analisamos as políticas ligadas às áreas de habitação, saneamento básico e meio ambiente. Discorremos sobre as políticas de igualdade racial e apresentamos um histórico da questão racial, evidenciando a construção do racismo no Brasil. Tratamos igualmente das políticas desenvolvidas para o enfrentamento da questão da violência contra determinados segmentos sociais. Por fim, destacamos as políticas de enfrentamento da violência contra mulheres, crianças, adolescentes, negros e idosos.

Faz parte, ainda, do quarto capítulo o estudo sobre o desenvolvimento da política pública voltada para a juventude, em que expomos resumidamente os avanços que a política teve, pontuando esses acontecimentos nos diferentes governos em que as propostas e as execuções ocorreram. Assim, examinamos a política para esse segmento que foi adotada nos governos FHC, Lula e Dilma.

Como último tópico – porém não menos importante –, destacamos a questão da política de segurança pública, assim como os principais avanços posteriores à Constituição de 1988 nessa área.

Ressaltamos que o conteúdo apresentado no livro procura atender às expectativas dos estudantes de Serviço Social, bem como dos profissionais que atuam nas mais variadas políticas setoriais implementadas nas últimas décadas.

Boa leitura!

Como aproveitar ao máximo este livro

Este livro traz alguns recursos que visam enriquecer seu aprendizado, facilitar a compreensão dos conteúdos e tornar a leitura mais dinâmica. São ferramentas projetadas de acordo com a natureza dos temas que vamos examinar. Veja a seguir como esses recursos se encontram distribuídos no decorrer desta obra.

Conteúdos do capítulo:

Logo na abertura do capítulo, você fica conhecendo os conteúdos que nele serão abordados.

Após o estudo deste capítulo, você será capaz de:

Você também é informado a respeito das competências que irá desenvolver e dos conhecimentos que irá adquirir com o estudo do capítulo.

O Estado e a política social no capitalismo

O reconhecimento da "questão social" como base que fundamenta seu trabalho configura-se como uma necessidade, uma vez que justifica a instituição de uma justiça social de distribuição de bens e serviços garantidos pelo Estado e, ao mesmo tempo, identifica os sujeitos coletivos e individuais como sujeitos de direitos. No próximo capítulo, vamos examinar as políticas públicas setoriais na área da criança e do adolescente e o direito à educação sob o prisma da equidade e da justiça social, tendo o Estado como garantidor de bens e serviços sociais.

Questões para reflexão

1. Nesta subseção, analisamos as especificidades das políticas públicas. Pense nelas e responda: Qual é a diferença entre política de Estado e política de governo?
   Dica: lembre-se da situação de continuidade e descontinuidade das políticas.
2. Diante das desigualdades necessárias de um sistema capitalista, o Estado deve, então, subsidiar suas políticas públicas de direito de cidadania com base em quais elementos?
   Dica: lembre-se de que o Estado busca garantir o acesso dos cidadãos aos bens econômicos e sociais produzidos coletivamente.

Síntese

Iniciamos este capítulo destacando que o Estado é uma forma de organização política que marca o início da Modernidade, com o aparecimento do capitalismo mercantil e a extinção do modo de produção feudal.

Com base nos diversos conceitos construídos sobre o Estado, tomamos como ponto de partida, com relação ao Brasil, o Estado Novo, surgido após a Revolução de 1930, que marcou o fim do ciclo hegemônico da economia agroexportadora e o início da era produtiva de base urbano-industrial. O fim do Estado Novo

Questões para reflexão

Nesta seção, a proposta é levá-lo a refletir criticamente sobre alguns assuntos e trocar ideias e experiências com seus pares.

Políticas setoriais para as áreas do idoso e da pessoa com deficiência

e reprodutivos, seu direito à guarda, à tutela, à curatela ou à adoção, em igualdade de oportunidades com as demais pessoas.

Como é possível perceber, o Brasil é um país que detém uma legislação extensa e complexa na área da defesa de direitos, dispondo de leis e decretos regulamentadores que buscam a promoção e a garantia dos direitos humanos e da cidadania. As políticas sociais públicas encontram respaldo nesses marcos legais, os quais, ao longo da história recente, têm se materializado nas agendas políticas postas em prática no país.

Questão para reflexão

1. Qual é a língua materna dos surdos e qual é a importância dela para essa comunidade?
   Dica: lembre-se da importância do reconhecimento da identidade surda.

Síntese

Neste capítulo, examinamos os dados do IBGE sobre o processo de envelhecimento populacional e mostramos que esse fenômeno é decorrente da combinação de alguns fatores, como a diminuição das taxas de fecundidade, natalidade e mortalidade, as quais, aliadas ao aumento da expectativa de vida ao nascer, modificam o formato da pirâmide etária. Segundo dados do IBGE sobre a projeção populacional para os anos de 2030, haverá aproximadamente 40,5 milhões de idosos no Brasil. Isso quer dizer que essa categoria da sociedade necessita da atenção por parte do Estado em sua políticas públicas, para que possa viver com dignidade.

Com base na Constituição Federal, estruturaram-se alguns instrumentos legais de garantia de proteção social e de cidadania às pessoas idosas. Os conteúdos normativos de maior relevância

Síntese

Você dispõe, ao final do capítulo, de uma síntese que traz os principais conceitos nele abordados.

Políticas sociais setoriais e os desafios para o Serviço Social

para a população idosa sob a Política Nacional do Idoso (Lei n. 8.842/1994) e Estatuto do Idoso (Lei n. 10.741/2003), que garantem o acesso aos direitos fundamentais, entre eles os direitos à vida, à saúde, à alimentação, à educação, à cultura, ao esporte e ao lazer, ao trabalho, à liberdade, à dignidade, ao respeito e à convivência familiar e comunitária.

Na área das políticas sociais públicas destinadas às pessoas com deficiência, demonstramos que o Brasil também tem avançado na implementação de marcos normativos legais que as valorizem como sujeitos titulares de direitos e garantias fundamentais.

Por fim, destacamos quais são as garantias legais que os instrumentos jurídicos trazem às pessoas com deficiência nas diversas áreas de atuação das políticas sociais: assistência social, previdência social, cultura, esporte, turismo, lazer, transporte, mobilidade etc.

Para saber mais

BRASIL. Lei n. 13.146, de 6 de julho de 2015. **Diário Oficial da União**, Poder Legislativo, Brasília, DF, 7 jul. 2015. Disponível em: <http://www.planalto.gov.br/ccivil_03/_ato2015-2018/2015/lei/l13146.htm>. Acesso em: 25 mar. 2017.

A Lei n. 13.146/2015 promove a defesa dos direitos de cidadania das pessoas com deficiência e garante meios para que elas participem ativamente da vida social, eliminando ou reduzindo barreiras e dificuldades encontradas em seu cotidiano. Pela exigência constante de atualização das questões que envolvem a relação entre o trabalho do assistente social e as políticas públicas, faz-se necessário o conhecimento amplo dos instrumentos que protegem os usuários atendidos por essas políticas.

Para saber mais

Você pode consultar as obras indicadas nesta seção para aprofundar sua aprendizagem.

O Estado e a política social no capitalismo

FREIRE, L. M. M.; FREIRE, S. de M.; CASTRO, A. T. B. de (Org.). **Serviço social, política social e trabalho**: desafios e perspectivas do séc. XXI. 2. ed. São Paulo: Cortez; Rio de Janeiro: Ed. da UERJ, 2008.

Esse livro é uma coletânea de textos produzidos por profissionais do Programa de Pós-Graduação em Serviço Social da Universidade Estadual do Rio de Janeiro (Uerj), na área de concentração de Trabalho e Política Social. Ele tem como objetivo socializar o conhecimento produzido pelos mestres e doutores da Uerj, democratizando os resultados das pesquisas desenvolvidas.

OLIVEIRA, F. de. **Crítica à razão dualista/O ornitorrinco**. São Paulo: Boitempo, 2008.

Esta é uma obra histórica de Chico Oliveira, cuja abordagem possibilita uma convergência entre as questões que tratam da política, da economia e da sociedade brasileira. São ensaios que atualizam a crítica à economia brasileira, mais especificamente ao período de intensificação da industrialização, pós-Revolução de 1930.

Questões para revisão

1. Com o intuito de apresentar uma materialização dos processos de políticas públicas, Theodoulou (2005) propôs que se observem algumas fases sequenciais. A primeira delas é:
   a) adoção da política.
   b) formulação da política.
   c) análise e avaliação.
   d) reconhecimento do problema e identificação do tema.

2. Para Marshall (1967), o conceito de cidadania é composto por três elementos, que são:
   a) direito, política e social.
   b) civil, político e social.

Questões para revisão

Com estas atividades, você tem a possibilidade de rever os principais conceitos analisados. Ao final do livro, as autoras disponibilizam as respostas às questões, a fim de que você possa verificar como está sua aprendizagem.

Estudo de caso

Como estudo de caso, propomos a leitura do texto citado a seguir:

Ao menos 16% dos idosos no mundo são vítimas de diversos tipos de violência

[...]

Segundo o geriatra Otávio Castello, o mundo está atrasado no debate sobre o tema [da violência contra os idosos]. "Estamos vivendo um fenômeno, o da revolução da longevidade. Na história da humanidade, nunca estivemos com uma proporção tão alta de idosos", lembra. Hoje, há 41 milhões de pessoas com mais de 60 anos e, de acordo com a OMS [Organização Mundial da Saúde], em 2020, haverá mais idosos que crianças de até 5 anos. Até 2050, serão 2 bilhões de indivíduos nessa faixa etária, ou 20%

Estudo de caso

Esta seção traz ao seu conhecimento situações que vão aproximar os conteúdos estudados de sua prática profissional.

CAPÍTULO 1

O Estado e a política social no capitalismo

Conteúdos do capítulo:

- Organização e conceito de Estado.
- Reforma do Estado nos anos 1990.
- Significado das políticas sociais.
- Relação entre a política social e o Serviço Social.
- Significado dos termos *política* e *políticas públicas*.
- Diferença entre política estatal (política de Estado) e política de governo.
- Conceitos de *cidadania* e *justiça social*.

Após o estudo deste capítulo, você será capaz de:

1. compreender a organização política do Estado;
2. entender a importância das políticas sociais;
3. identificar as consequências da Reforma do Estado nos anos 1990;
4. relacionar os princípios de cidadania e justiça social com os direitos sociais;
5. reconhecer a "questão social" de fundamentação.

Este capítulo objetiva clarificar algumas questões relacionadas ao Estado e à política social no capitalismo, oferecendo subsídios para que o leitor entenda sua organização como ente governamental.

Com a finalidade de examinar os diversos conceitos de políticas públicas, apresentaremos diferentes autores que versam sobre o tema. Também abordaremos as políticas sociais e sua importância para a área do Serviço Social.

Além disso, enfocaremos temas de grande relevância para as políticas setoriais e que estão intrinsecamente ligados à sua concepção: os princípios de cidadania e justiça social, que têm a "questão social" como fundamento de sua determinação histórica.

1.1 O Estado como forma de organização política

Iniciamos este capítulo apresentando a organização do Estado, tão importante para entendermos as questões políticas e seus desdobramentos, especialmente nas áreas econômica e social. Para isso, é necessário conceituarmos *Estado*:

> Aparelho especializado, centralizado, de natureza especificamente política, consistindo num agrupamento de funções anônimas, impessoais e formalmente distintas do poder econômico, cujo agenciamento apoia-se numa axiomatização de leis-regras que distribuem os domínios da atividade, de competência, e numa legitimidade baseada nesse corpo que é esse povo-nação. Elementos que, todos eles, estão incorporados na organização dos aparelhos do Estado moderno. (Poulantzas, 2000, p. 51-52)

Portanto, o Estado é uma forma de organização política profundamente associada ao início da Modernidade, marcada pelo aparecimento do capitalismo mercantil e pela extinção do modo de produção feudal. Para Norberto Bobbio (1987, p. 73), o Estado, compreendido como organização política de uma comunidade, "nasce da dissolução da comunidade primitiva fundada sobre os laços de parentesco e da formação de comunidades mais amplas derivadas da união de vários grupos familiares por razões de sobrevivência". Assim, o surgimento do Estado configura-se como uma referência para a era do desenvolvimento.

Fazendo uma leitura mais contemporânea do Estado, Bresser-Pereira (2008) explica que se trata de uma organização primordial das sociedades civilizadas, sejam antigas, sejam modernas, e que se constitui em um "sistema constitucional-legal [...]; uma organização ou aparelho formado de políticos e burocratas e militares que tem o poder de legislar e tributar, e a própria ordem jurídica que é fruto dessa atividade" (p. 3).

Com base nos diversos conceitos construídos sobre o Estado, tomaremos como ponto de partida, com relação ao Brasil, o Estado Novo, surgido após a Revolução de 1930, que assinalou o fim do ciclo hegemônico da economia agroexportadora e o início da era produtiva de base urbano-industrial. Essa transformação na economia brasileira fez com que o Estado operasse na regulamentação de alguns fatores:

- Grande utilização do Exército como mantenedor da ordem: a gênese do golpe ocorreu em 10 de novembro de 1937 e o regime que se instalou com ele perdurou pelos próximos oito anos. Getúlio Vargas foi apoiado pelo Alto-Comando das Forças Armadas, com destaque para os generais Eurico Gaspar Dutra e Góis Monteiro.
- Centralização política: Getúlio Vargas ganhou autonomia de governo ao destituir o Congresso Nacional e assumir o comando dos Poderes Executivo e Legislativo.
- Reformas sociais trabalhistas: Getúlio Vargas instituiu o salário mínimo no Brasil, que até os dias de hoje se encontra em vigor como um direito constitucional dos trabalhadores urbanos e rurais: "capaz de atender a suas necessidades vitais básicas e às de sua família com moradia, alimentação, educação, saúde,

lazer, vestuário, higiene, transporte e previdência social" (Brasil, 1988). Segundo Oliveira (2008, p. 37-38),

> a legislação interpretou o salário mínimo rigorosamente como salário de subsistência, isto é, de reprodução; os critérios de fixação do primeiro salário mínimo levavam em conta as necessidades alimentares (em termos de calorias, proteínas etc.) para um padrão de trabalhador que devia enfrentar um certo tipo de produção, com um certo tipo de uso de força mecânica, comprometimento psíquico etc.

- Intervenção na esfera econômica: testemunha-se um Estado agindo na fixação de preços, na concessão de ganhos e perdas entre grupos das classes capitalistas, no gasto fiscal com fins de subsídio a outras atividades produtivas assiste-se "à emergência e à ampliação das funções do Estado, num período que perdura até os anos Kubitschek" (Oliveira, 2008, p. 40).
- O indispensável papel da agricultura: ainda que o setor agrário não fosse predominante em virtude das novas bases urbano-industriais da economia, a agricultura ainda deveria suprir as necessidades de bens de capital e da população em geral, a fim de se evitar a elevação do custo da alimentação e das matérias-primas, mas sem atrapalhar o processo de acumulação urbano-industrial, tão necessário ao crescimento do país.

A regulamentação de fatores que levam à concessão de dispositivos mínimos de proteção social, além de representar um avanço do ponto de vista dos interesses da massa trabalhadora, proporcionando-lhe ganhos decorrentes de suas reivindicações, ao mesmo tempo representa a garantia de manutenção do potencial produtivo da economia. Um exemplo desse viés contraditório intrínseco à política social foi a entrada em vigor do Decreto n. 4.682, de 24 de janeiro de 1923 – portanto, anterior a Getúlio Vargas –, que ficou conhecido como *Lei Eloy Chaves* por ter sido apresentado por iniciativa do então deputado federal Eloy Chaves. Por meio desse decreto, os trabalhadores ferroviários conquistaram, após uma série de lutas sociais e greves, uma política de previdência social voltada à sua categoria, a qual, mais tarde, seria utilizada como base para o atual Instituto Nacional de Seguridade Social (INSS). Assim, podemos perceber um movimento contraditório da política implementada à época, que atendeu aos interesses emergentes da classe trabalhadora e, igualmente, garantiu o escoamento da exportação de café, até então prejudicado pela mobilização dos trabalhadores. Mais tarde, Getúlio Vargas, por meio da regulamentação da política trabalhista, buscou, "ao mesmo tempo, controlar as greves e os movimentos operários e estabelecer um sistema de seguro social" (Faleiros, 2000, p. 45).

Para Oliveira (2008, p. 48), "a tensão entre agricultura e indústria brasileiras não se dá no nível das relações das forças produtivas, mas se dá ou se transfere para o nível interno das relações de produção tanto na industrial como na agricultura". Diante disso, o Estado, como percebemos, age determinantemente em diversos aspectos da produção e da reprodução da vida social. Em decorrência de tal ação, o país enfrentou não só grandes mudanças econômicas e sociais, com a criação de institutos e legislações, mas também turbulências políticas marcadas por tentativas de golpe. Governos militares estabeleceram um Estado como símbolo de desenvolvimento e burocracia, todavia sem participação democrática.

A realidade brasileira após os anos 1930 demonstrou que nada mudou no sentido das relações sociais de um sistema separatista, que acentua as distâncias entre os que detêm os meios de produção e os que vendem sua força de trabalho. A transformação que de fato se verificou a partir do Estado Novo configurou-se na substituição das classes proprietárias rurais (modelo agroexportador) pelas classes burguesas constituídas pelos empresários da indústria (modelo urbano-industrial).

O fim do Estado Novo ocorreu em concomitância com o final da Segunda Guerra Mundial, no ano de 1945. Grande parte da sociedade clamava por democracia e pelo fim do período ditatorial implantado por Vargas. Em 29 de outubro de 1945, Getúlio foi destituído do cargo. Após esse período, o Brasil foi comandado por diversos presidentes. O importante aqui não é destacar as figuras que ficaram à frente do país, mas enfatizar que o Estado foi desempenhando novas funções com diferentes configurações.

No governo de Juscelino Kubitschek, por exemplo, o Estado operou no sentido de acelerar a acumulação capitalista. Por meio do Plano de Metas que tinha como lema "Cinquenta anos de progresso em cinco anos de governo", o setor industrial foi bastante estimulado, sobretudo com "a implantação do ramo automobilístico, construção naval, mecânica pesada, cimento, papel e celulose, ao lado da triplicação da capacidade da siderurgia" (Oliveira, 2008, p. 71-72).

Esse estímulo foi operacionalizado à custa da emissão de papel-moeda e da associação com o capital estrangeiro (principalmente pela viabilização de tecnologia avançada), que iria culminar, anos mais tarde, numa série de problemas para a economia brasileira, como o acirramento da inflação e a constante desnacionalização da economia (empresas estrangeiras passam a assumir o controle de setores industriais estratégicos para a economia nacional).

O período compreendido entre a instauração do regime político militarista, em 1964, e sua dissolução em 1988, ano em que entrou em vigor a Constituição democrática, caracterizou-se pela expansão da produtividade, pela modernização da economia e pela abertura desta ao capital estrangeiro, de modo que a atuação do Estado se fez no sentido de reequilibrar o sistema econômico do país, contendo a inflação por meio de uma reforma fiscal "em que os impostos indiretos crescem mais que os diretos" (Oliveira, 2008, p. 94). Ainda segundo Oliveira (2008), as condições postas pelo governo do período contribuíram para determinar um vasto rol de políticas cujo objetivo principal era não baixar a taxa de lucro.

A década de 1980, no Brasil, ficou marcada pela passagem do regime ditatorial para o regime democrático, a tal ponto que um dos ícones da época foi o movimento das "Diretas Já". Nessa década, grande parte da população foi às ruas exigindo o fim do governo dos militares e clamando por eleições diretas para presidente. A busca por um processo mais democrático em todos os níveis foi constante e mostrou-se mais acirrada no período pós-ditadura militar, com grande mobilização de movimentos sociais. Demandas até então excluídas ganharam voz e procuraram seu espaço, por meio de movimentos reconhecidamente combativos e que pleiteavam políticas do Estado que correspondessem às necessidades sociais da população.

Entretanto, a vitória dos movimentos sociais em prol da democracia ocorreu, de fato, somente após a promulgação da Constituição Federal de 1988, conhecida como *Constituição Cidadã*, a qual trouxe em seu bojo marcas de transformações sociopolíticas no país: a consolidação e organização do regime democrático. Iniciava-se, com ela, um novo ciclo da história do Brasil.

Por outro lado, as expressões da "questão social" não foram resolvidas. O país avançou ao eleger seus presidentes, normalizou a via democrática, estabilizou a economia, mas continuou exibindo níveis vergonhosos de pobreza e exclusão (Nogueira, 2011b).

Ainda nesse período, um dos acontecimentos preponderantes foi o empenho governamental pela Reforma do Estado, na década de 1990. O que se verificou então foi uma forte generalização da concepção que propunha a diminuição do Estado e a maximização do mercado, a qual vinha à tona nos discursos governamentais juntamente com a ideia de integração da economia brasileira ao padrão globalizado de competição e flexibilização das relações de trabalho. A necessidade de reformar o aparelho do Estado foi uma ideia disseminada principalmente sob a égide de um projeto de modernização para o país, que pretendia torná-lo competitivo internacionalmente e propagava a necessidade de recuperar o tempo perdido nas décadas anteriores, durante as quais se teria vivido sob as asas de um Estado gigantesco, ineficiente e perdulário (Nogueira, 2011b).

O Presidente Fernando Collor de Mello (1990-1992) iniciou seu governo seguindo essa lógica privatista, congelando preços e salários e confiscando as aplicações de poupança da população. Seus projetos de reforma, porém, não seguiram adiante porque ele sofreu um processo de *impeachment* e acabou deposto pelo Congresso Nacional, em 1992, sendo então sucedido por seu vice-presidente, Itamar Franco. O jornal *O Estado de S. Paulo* sintetizou o processo que conduziu ao afastamento de Collor nos seguintes termos:

> O processo de *impeachment* foi aprovado pela Câmara Federal, por 441 votos a favor e 38 contra, e afastou da Presidência da República Fernando Collor de Mello, em 29 de setembro. Sabendo que seria afastado, Collor acabou renunciando no dia 29 de dezembro, mas o Senado prosseguiu o julgamento, afastando-o do cargo e privando-o dos direitos políticos por oito anos. A decisão foi confirmada pelo STF em 1993. Collor alegou ter sido perseguido por forças políticas contrárias à modernização do país. (Impeachment..., 1992)

É no período de transição entre o regime autoritário da ditadura militar e a restituição da perspectiva democrática que o debate e a reflexão sobre o trato do Estado com as políticas sociais alcançam um enraizamento mais profundo. Isso se deve tanto às crises políticas já mencionadas quanto ao agravamento da "questão social" em nosso país. É importante notar que, embora a conjuntura fosse de adversidades, o novo panorama que se apresentava na história da política brasileira vislumbrava aberturas de novos procedimentos de regulamentação das relações entre o Estado e a sociedade civil, o que Degennszajh (2000, p. 62) chamou de "nova institucionalidade democrática".

Ao resgatarmos a história da política do Brasil, devemos destacar o ideário da Reforma do Estado que a perpassa, o qual acarretou a redução do tamanho do Estado mediante políticas de privatização, terceirização e parcerias público-privadas, em que se expandem novas formas não estatais de organização e prestação de serviços: "O não estado cresceu – seja sob a forma de multiplicação de iniciativas do mercado e da sociedade civil (terceiro setor), seja sob a forma de consolidação de múltiplos 'Estados' paralelos (criminalidade, tráfico, lavagem de dinheiro, corrupção)" (Nogueira, 2011b, p. 44).

A Reforma do Estado nos anos 1990 emergiu de fato no cenário brasileiro com o governo do Presidente Fernando Henrique Cardoso (FHC) e seu Plano de Ajuste Estrutural, cuja política social foi pautada por um caráter residual ou assistencial, implementando uma **refilantropização da assistência**, denominação que se revestiu de uma roupagem moderna e foi alterada para **responsabilidade social** ou **solidariedade**.

Para Komeyama (2000, p. 202), o governo FHC adotou o princípio do autofinanciamento, "que se traduz numa regra de ouro das políticas sociais: os usuários devem pagar pelo que recebem". Segundo essa autora, tal regra impulsiona a privatização dos serviços sociais, que segue quatro tendências:

1. Privatização explícita: uma forma de articulação entre o aparelho do Estado e o setor privado [...]. Cria-se, pois, uma divisão de trabalho entre o Estado, que estabelece as regras e transfere recursos, e o setor privado, que se encarrega da produção de bens e da distribuição de serviços;

2. Deslocamento da produção e/ou distribuição de bens e serviços públicos para o setor não lucrativo: constituído por associações de filantropia e organizações comunitárias ou novas formas de organizações não governamentais (ONG's);

3. Descentralização: que se apresenta como recurso utilizado para repasse de responsabilidades aos municípios e para estimular a participação de todos, na perspectiva de criar uma rede de solidariedade;

4. Filantropia empresarial e/ou políticas sociais empresariais: a noção de responsabilidade social e de solidariedade é uma forma moderna de camuflar as novas estratégias de exploração, negando as contradições. (Komeyama, 2000, p. 202)

A lógica do Estado para com as políticas sociais é alterada, sob duas égides: racionalizar recursos e esvaziar o poder das instituições, já que as instituições democráticas são permeáveis às pressões e demandas da população – além de serem consideradas como improdutivas pela lógica de mercado. Assim, a responsabilidade pela execução das políticas sociais deve ser repassada para a sociedade: para os neoliberais, por meio da privatização (mercado); para a terceira via, pelo público não estatal (sem fins lucrativos) (Peroni, 2006).

As expressões *terceira via* e *terceiro setor* indicam que o Estado seria o primeiro setor e o mercado, o segundo. Há diversos autores que trabalham com esse conceito. Para Komeyama (2000,

p. 204), "são todas aquelas instituições sem fins lucrativos que, a partir do âmbito privado, perseguem os propósitos de atender o interesse público".
Para Fernandes (1996, p. 27),

> é constituído pelas organizações sem fins lucrativos, criadas e mantidas pela ênfase na participação voluntária, num âmbito não governamental, dando continuidade às práticas tradicionais de caridade, filantropia e mecenato, e expandindo o seu sentido para outros domínios, graças, sobretudo, à incorporação do conceito de cidadania e de suas múltiplas manifestações na sociedade civil.

Vale ressaltar que a expansão desse segmento público não estatal ocorreu em razão da ausência tanto do primeiro setor (Estado) quanto do segundo (mercado) no trato de questões que envolvem o interesse público. É nesse sentido que as políticas sociais tomam forma no ideário da Reforma do Estado: por meio da filantropia empresarial, sob o discurso de missão ou responsabilidade social.

Nogueira (2011b) toma como problema esse modelo de reforma de Estado. Ele afirma que uma reforma democrática do Estado estaria obrigada a abrir caminhos para a **democracia participativa**, sem reduzir as condições de realização da **democracia representativa**, ou seja, apesar de a reforma do Estado significar uma minimização da atuação deste diante das demandas da sociedade, não se pode deixar de levar em conta a abertura da participação e a descentralização na gestão de políticas sociais.

Críticas se fazem a esse modelo de gestão encabeçada pelo Estado, pois a abertura à participação da população por meio de suas organizações representativas não deve suprir a responsabilidade primeira, que é do Estado. O mesmo Estado, apesar de se caracterizar como "a serviço" da classe dominante, também precisa atender às necessidades das classes subalternizadas. As respostas a essas exigências populares são materializadas por meio de políticas, como respostas às lutas travadas em busca de melhores condições de vida.

Contudo, para Oliveira (2009), as políticas sociais, na qualidade de estratégias governamentais, não são capazes de promover

significativos avanços nas situações demandadas pela classe trabalhadora. Segundo essa autora, o Estado apenas atende àquelas pautas que são de interesse dos grupos dominantes e do capital.
As políticas sociais apresentam algumas particularidades quando se trata da relação entre o Estado e a sociedade civil. De acordo com Pereira (2008b), as políticas sociais referem-se às **políticas de ação** dirigidas ao atendimento das demandas da sociedade sob a égide da justiça social, sob a proteção de instrumentos legais de garantia de direitos. Na língua inglesa, empregam-se vocábulos distintos para se fazer referência a diferentes sentidos do conceito de *política*. Vejamos: *politics* refere-se ao ato de governar, à ciência política, às atividades ligadas à política – sobretudo governamental –, à eleição, ao voto; *polity* diz respeito à forma de governo; *policy*, por fim, denota um plano de ação governamental. Como na língua portuguesa todos esses conceitos são expressos por meio de uma só palavra, compreender tais significados – e diferenciá-los adequadamente – evita equívocos conceituais e analíticos.
Tendo isso em mente, na próxima seção deste capítulo, vamos nos empenhar em esclarecer em que consistem as políticas sociais.

> ### Questões para reflexão
>
> 1. A década de 1980 foi marcada pela transição do regime autoritário da ditadura militar para um governo democrático, fruto do movimento que ficou conhecido como o das "Diretas Já", em 1984. Que importante instrumento normativo para os movimentos sociais foi promulgado nessa década?
>
> **Dica**: lembre-se de que esse instrumento possibilitou algumas vitórias para os movimentos sociais, até então privados de direitos.

> 2. A Reforma do Estado nos anos 1990 emergiu no cenário brasileiro com o Presidente Fernando Henrique Cardoso (FHC) e seu Plano de Ajuste Estrutural. Qual a característica da política social desse período?
> **Dica**: lembre-se de que a política social desse período foi marcada pelo caráter residual ou assistencial.

1.2 Política social e Serviço Social no capitalismo

A política social pode ser considerada um campo privilegiado para o Serviço Social: no debate profissional, na pesquisa científica e na formação profissional. Sua operacionalização inscreve-se no bojo de determinações sócio-históricas delineadas pelas contraditórias relações sociais de produção e reprodução capitalistas, pois a política social atende tanto aos interesses do capital, quanto às necessidades da massa trabalhadora.

Para Behring e Boschetti (2008), as políticas sociais são concessões e, ao mesmo tempo, conquistas que dependem da correlação de forças e da disposição de luta política entre os interesses das classes sociais e seus segmentos envolvidos na questão. As autoras afirmam ainda que o significado da política social está historicamente conectado à totalidade da relação dos processos entre a inserção objetiva no mundo do capital e a luta dos interesses dos sujeitos que se movem na definição de determinada política. Sob a perspectiva do método materialista histórico-dialético, o estudo e a análise das políticas sociais precisam considerar alguns elementos primordiais para explicar seu surgimento e desenvolvimento: "O primeiro é a natureza do capitalismo, seu grau de desenvolvimento e as estratégias de acumulação prevalecentes. O segundo é o papel do Estado na regulamentação e implementação das políticas sociais, e o terceiro é o papel das classes sociais" (Behring; Boschetti, 2008, p. 44).

Quadro 1.1 – Significados atribuídos às políticas sociais

Econômico	Político	Histórico	Cultural
Destaca-se a necessidade de relacionar a política social com os determinantes econômicos e seus efeitos para as condições de produção e reprodução da vida da classe trabalhadora.	Preocupa-se em reconhecer e identificar as forças políticas em confronto, ligadas ao Estado ou às classes sociais.	O surgimento da política social tem relação com as expressões da "questão social".	Está relacionada à política, considerando-se que os sujeitos políticos são portadores de valores.

Fonte: Elaborado com base em Behring; Boschetti, 2008.

Considerados sob esse prisma, tanto as políticas sociais quanto o trabalho interventivo do assistente social inserem-se no movimento contraditório da sociedade capitalista e têm como objeto a "questão social" e suas expressões, aqui entendidas como

> as expressões do processo de formação e desenvolvimento da classe operária e de seu ingresso no cenário político da sociedade, exigindo seu reconhecimento como classe por parte do empresariado e do Estado. É a manifestação, no cotidiano da vida social, da contradição entre o proletariado e a burguesia, a qual passa a exigir outros tipos de intervenção mais além da caridade e repressão. (Iamamoto; Carvalho, 1982, p. 77)

Behring e Boschetti (2008, p. 51) afirmam que as políticas sociais "são [...] respostas e formas de enfrentamento [...] às expressões multifacetadas da questão social no capitalismo, cujo fundamento se encontra nas relações de exploração do capital sobre o trabalho". Nesse sentido, elas garantem condições favoráveis ao desenvolvimento do capitalismo, pois mantêm a ordem social e política por meio do atendimento às reivindicações de grupos que, como resultado de suas mobilizações e pressões, conquistam algum tipo de reconhecimento. Para Netto (2009, p.33), "não há dúvidas de que as políticas sociais decorrem fundamentalmente da capacidade de mobilização e organização da classe operária e do conjunto dos trabalhadores".

Como explicam Behring e Boschetti (2008), no Brasil o vínculo entre política social e Serviço Social é resultado da intervenção estatal e de seu incremento, que, por sua vez, estão ligados à via conservadora trilhada pelos processos de modernização em nosso país, principalmente a partir do decênio de 1930. Três décadas depois, em pleno período da ditadura militar pós-1964, esse modelo de desenvolvimento nacional ainda provocava mudanças de grande relevância para o país e revestia o regime ditatorial de contradições. Afinal, ao mesmo tempo que promovia o crescimento da economia, propagando amplamente o discurso do "milagre econômico", acirrava a pauperização social e retrocedia em relação a direitos civis e políticos, recorrendo a mecanismos de censura e repressão, atos típicos de um regime militarista.

O que caracterizou o chamado "milagre econômico" foi uma série de indicadores positivos, como o crescimento do Produto Interno Bruto (PIB), a queda da inflação, além da ocorrência de superávits no balanço de pagamentos. Houve também saldos positivos nos setores da construção civil e da indústria. Por outro lado, esse é considerado um dos períodos que, em termos históricos, mais causaram danos para a sociedade brasileira, sobretudo pela concentração de renda e pelo aumento da desigualdade social. O "milagre" se esgotou por conta da crise do petróleo de 1974 e deixou como herança uma dívida externa enorme, pois, para financiar um crescimento tão rápido, o governo militar realizou empréstimos no mercado internacional, gerando uma dívida que se tornou impagável.

Assim, o Brasil saiu de um saldo positivo diretamente para o negativo: não havia mais crédito e a inflação aumentava absurdamente, obrigando todos os setores a remarcar seus preços. A economia estagnou e o desemprego cresceu. A saída foi a implantação do Plano Real, a partir de 1994, que finalmente estabilizou a economia.

Pois bem, esse processo histórico pelo qual o Brasil passou exigiu dos profissionais do Serviço Social

> uma reflexão mais sofisticada sobre a realidade brasileira e a criação de identidades políticas com "os de baixo", que assumiam uma nova posição no cenário político em fins dos anos 1970, marcado pelas greves dos metalúrgicos paulistas, pela presença dos movimentos sociais urbanos e do movimento estudantil, entre outros. (Behring; Boschetti, 2008, p. 15)

A vinculação profissional do Serviço Social aos interesses da classe trabalhadora ocorreu numa conjuntura social de revisão crítica, conhecida na área como *Movimento de Reconceituação*, que originou o chamado *projeto ético-político profissional*, o qual, por sua vez, esteve engajado ao projeto de redemocratização do país e à elaboração da Constituição Federal de 1988. A partir de então, a política social passou a ser enfatizada como campo de luta pela garantia dos direitos sociais. Se, anteriormente a isso, a política social se constituía no marco da profissionalização do Serviço Social como especialização do trabalho coletivo[1], a redemocratização tornou-se um campo fértil para uma nova reflexão sobre o tema, na perspectiva da cidadania e dos direitos sociais, visando romper com a interlocução marxista em seu viés estruturalista (Behring; Boschetti, 2008).

Sob esse conjunto de circunstâncias, a relação estabelecida entre a política social e o Serviço Social possibilitou alavancar um estatuto teórico, que permitiu a essa área realizar uma articulação entre a perspectiva analítica de sociedade e a da profissão (Campos, 1988).

O trabalho desenvolvido pelo assistente social, tanto na formulação quanto na execução das políticas sociais, é muito importante para o processo de institucionalização de políticas públicas que

---

1 Entre a criação das primeiras escolas de Serviço Social, em 1936, e a introdução da temática da política social no currículo, passaram-se três décadas (Behring; Boschetti, 2008).

garantam direitos de cidadania e, ao mesmo tempo, fortaleçam o projeto ético-político da profissão. É possível afirmar que esse profissional, ao longo de sua história, tem sido um agente de gestão e implementação de políticas públicas. Por isso, vamos apresentar, na próxima subseção, algumas discussões conceituais sobre política social como política pública.

> **Questão para reflexão**
>
> 1. **Reveja o texto e reflita: Como ficou conhecido o movimento crítico da profissão que culminou no projeto ético-político profissional do Serviço Social? Quais foram suas principais consequências no que diz respeito à participação desse profissional na elaboração de políticas setoriais?**
>
> **Dica**: lembre-se da vinculação profissional do Serviço Social aos interesses da classe trabalhadora, bem como de seu projeto ético-político profissional, que esteve engajado com o movimento de redemocratização do país e a consequente aprovação da Constituição Federal de 1988.

1.2.1 Política social como política pública e direito de cidadania

Para tratamos o termo *política*, vamos, primeiramente, explicitar seus dois principais significados, conforme descritos por Pereira (2009):

- No sentido mais geral, refere-se aos temas clássicos da política, tais como o voto, os partidos, as eleições etc.
- No sentido mais restrito, refere-se à intervenção do Estado perante as demandas oriundas da sociedade.

Consideremos, neste item, a segunda opção, ou seja, o sentido mais restrito de *política*, caracterizando-a como política pública.

Primeiramente, porém, vamos examinar o significado clássico desse conceito.
De acordo com Pereira (2009, p. 88),

> De origem grega, a política era associada à *pólis*, isto é, à cidade, e indicava toda atividade humana que tinha como referência a esfera social, pública e cidadã. Posteriormente, com a obra de Aristóteles intitulada *Política*, o conteúdo do termo se ampliou e passou também a significar o estudo do tema ou o saber construído sobre essa esfera de atividade. No decorrer do tempo, o termo política foi perdendo o seu sentido original e adquirindo várias conotações, mas mantendo como centro da atividade política o Estado.

Atualmente, vivemos a política em nosso cotidiano, em nossas relações sociais, pois ela envolve a ligação entre pessoas diferentes e/ou desiguais, que precisam conviver entre si, "que possuem valores, crenças, opiniões e ideologias distintas e estão desigualmente situados na estrutura social (de classe e *status*)" (Pereira, 2009, p. 89). É justamente no bojo das desigualdades que a política surge, vista como uma intervenção do Estado nas relações sociais, para obter consensos, de forma a propiciar uma convivência organizada, evitando, assim, o conflito e o caos. Nesse sentido, a política "resulta do imperativo de convivência" (Pereira, 2009, p. 89).

De outro modo, a geração de conflitos possibilita o desenvolvimento político de uma sociedade, pois é por meio das lutas sociais que uma nação conquista seus direitos. Diante da eventual iminência de um caos, o Estado intervém com ações que podem tanto constituir-se em regulação civilizada, por meio de negociações e do atendimento das demandas da sociedade, quanto pautar-se pela utilização do uso coercitivo da força e do poder.

Segundo Rua (1998), na história das sociedades, existem duas principais formas de regulação social:

- **Coerção**: ocorre especificamente em sociedades antidemocráticas, sejam ditaduras, sejam Estados restritos. Esse tipo de regulação utiliza-se da coibição como forma de garantir o poder;

representa a falência da política, porque obstrui o desenvolvimento de relações construtivas.

※ **Política**: usada em sociedades democráticas ou Estados ampliados, rechaça qualquer forma de intervenção que não seja por meio da resolução de conflitos legítimos e respaldados por regras preestabelecidas. A política, portanto, consiste em "uma possibilidade de resolver conflitos sem a recíproca destruição dos conflitantes e com ganhos expressivos em termos de convivência" (Nogueira, 2011a, p. 13-14).

Assim, considera-se que a política é uma arena de conflitos, em que a busca por conquistas pode significar uma ampliação de direitos de cidadania, que atualmente ganham novos contornos numa versão denominada *política pública*.

A propósito, vamos elucidar como e por que surgiu a área de políticas públicas, buscando esclarecer a origem dessa esfera do conhecimento que é tão importante para a atuação do profissional de Serviço Social. Segundo Souza (2006, p. 22), as políticas públicas, como objeto de estudo acadêmico, são originárias dos Estados Unidos da América (EUA), pois lá passaram a ser consideradas como subárea da ciência política,

> rompendo ou pulando as etapas seguidas pela tradição europeia de estudos e pesquisas nessa área, que se concentravam, então, mais na análise sobre o Estado e suas instituições do que na produção dos governos. Assim, na Europa, a área de política pública vai surgir como um desdobramento dos trabalhos baseados em teorias explicativas sobre o papel do Estado e de uma das mais importantes instituições do Estado – o governo –, produtor, por excelência, de políticas públicas.

Ao contrário da Europa, portanto, o nascimento das políticas públicas nos EUA remete diretamente à ação governamental, não à afirmação de relações teóricas sobre o papel do Estado.

A respeito dos conceitos de *política pública* existentes, entendemos que não existe uma única definição sobre o que elas sejam. Ainda assim, pretendemos apresentar alguns conceitos propostos atualmente. Lynn (1980), considera a política pública como uma gama de ações governamentais que produzirão efeitos específicos; Dye (1984, citado por Souza, 2006, p. 24) sintetiza a definição de *política pública* como "o que o governo escolhe fazer ou não fazer"; Peters (1986), corrobora essa definição, afirmando que se trata do somatório das atividades dos governos, que agem sobre a vida dos cidadãos e a influenciam; e Laswell (1958 [1936], citado por Souza, 2006, p. 24), acredita que as decisões e análises sobre política pública implicam responder às seguintes questões: "quem ganha o quê, por quê e que diferença faz". O conceito que Bucci (2002, p. 241) sustenta é o de políticas públicas como "programas de ação governamental visando coordenar os meios à disposição do Estado e as atividades privadas, para a realização de objetivos socialmente relevantes e politicamente determinados".

Como podemos perceber com base nessas diversas definições de *política pública*, o norte para nossa reflexão deve voltar-se ao espaço no qual os entraves em torno de interesses, preferências e ideias se estabelecem, isto é, nos governos. Para Souza (2006, p. 25),

> no ponto de vista teórico-conceitual, a política pública em geral e a política social em particular são campos multidisciplinares, e seu foco está nas explicações sobre a natureza da política pública e seus processos. Por isso, uma teoria geral da política pública implica a busca de sintetizar teorias construídas no campo da sociologia, da ciência política e da economia.

Podemos, então, como Souza (2006), concluir que a política pública, como área do conhecimento, orienta-se pelo objetivo de fazer com que "o governo entre em ação", chegando-se até mesmo a propor alterações nas trajetórias das ações desenvolvidas. "A formulação de políticas públicas constitui-se no estágio em que os governos democráticos traduzem seus propósitos e plataformas eleitorais em programas e ações que produzirão resultados ou mudanças no mundo real" (Souza, 2006, p. 26).

Principais definições e modelos de políticas públicas

- A política pública possibilita diferenciar a intenção do governo daquilo que ele realmente faz.
- A política pública é um campo multidisciplinar, que abrange diversos atores e níveis de decisão, não se limitando a leis e regras.
- A política pública é intencional, pois consiste em uma ação com objetivos e metas claras a serem cumpridas.
- A política pública, ainda que tenha impactos relativamente imediatos, atua a longo prazo.
- A política pública não se limita à tomada de decisão e à proposição de medidas, pois implica também sua implementação, execução e avaliação.

Fonte: Elaborado com base em Souza, 2006.

Considerando todos os conceitos da *política pública* aqui apresentados, devemos salientar a importância do conhecimento a respeito de cada um deles por parte do assistente social, pois, em sua atuação profissional, ele se depara cotidianamente com vários elementos conectados às expressões da "questão social" e é por meio do conjunto de programas e ações governamentais que presta atendimento às demandas inerentes à população.

Esclarecidos esses conceitos, vamos explorar os procedimentos necessários para colocar as políticas públicas em prática, ou seja, para conduzi-las do campo das ideias para a realidade social. Para materializar esse processo, Theodoulou (2005) propôs que se observem as fases sequenciais listadas a seguir.

> **Fases sequenciais das políticas públicas**
> 1. Reconhecimento do problema e identificação do tema.
> 2. Estabelecimento de compromissos quando a temática é considerada relevante.
> 3. Formulação da política.
> 4. Adoção da política.
> 5. Implementação da política.
> 6. Análise e avaliação das políticas.

A primeira etapa refere-se à declaração de que existe uma questão a ser resolvida pelo ente governamental, a qual de certa forma, exige uma ação, uma intervenção relacionada ao tema. A projeção de um problema para o nível de tema, segundo Subirats (2006), depende de algumas circunstâncias:

- evidência de conjuntura de crise, bem como risco de piora da situação;
- reconhecimento de características específicas em determinada situação (por exemplo, degradação do meio ambiente);
- circunstâncias que suscitam comoção social nos meios de comunicação (por exemplo, violência contra crianças);
- assuntos que ganham dimensão global (por exemplo, aumento da gasolina);
- temas relacionados à pertinência da função do Poder Público (por exemplo, remuneração dos professores);
- assuntos cujas forças determinam o objeto (por exemplo, mobilidade urbana e utilização de bicicletas).

A segunda etapa refere-se à constituição da agenda de compromissos, dada a importância do tema. Quando se chega a esta etapa, isso significa dizer que o problema foi considerado prioritário, inclusive com reconhecimento de agentes governamentais e não governamentais. Para Silva (2012, p. 73-74, grifo nosso), "há dois tipos de agenda: a **sistêmica** – genérica, que abarca lista de itens que ocupam a atenção de uma autoridade; [...] a **institucional** – altamente específica, que atinge rol de prioridades de dado escalão técnico burocrático". Para exemplificar, a agenda sistêmica é aquela em que há legitimidade formal do Poder Executivo, como a área da saúde. A agenda institucional, por outro lado, tem relação com a especificidade de cada instituição, por exemplo, o regimento interno do parlamento.

É importante ressaltar que a terceira etapa, que corresponde à formulação da política, não garante sua concretização na realidade social, pois pode haver interferências até a decisão de adotar tal política. Para Silva (2012, p. 74), essa fase desenvolve-se por meio de dois pontos: "a decisão geral, escolha abstrata; [...] a decisão específica, realização de determinada ação".

A quarta etapa do processo é o da adoção da política, na qual se torna concreta e real a proposta inicial: "Das linhas apresentadas, certas providências serão mantidas, outras incluídas ou suprimidas" (Silva, 2012, p. 74).

A quinta etapa é a implementação da política, marcada pela alteração objetivada: "inicia imediatamente após a decisão de adoção e termina quando as metas almejadas pela política são atingidas e seus custos equilibrados dentro das expectativas razoáveis" (Silva, 2012, p. 74-75).

A última etapa é a da avaliação e análise dos resultados da política, que pode ser inicializada mesmo durante o processo de implementação, podendo viabilizar antecipadamente possíveis resoluções de problemas detectados.

Examinadas essas especificidades das políticas públicas, vejamos a diferença entre políticas estatais (políticas de Estado) e políticas de governo:

- **Políticas de Estado**: devem ser analisadas com base nos fins da organização política e social; assim, por exemplo, os objetivos estão relacionados à promoção, à proteção e à consolidação dos direitos humanos fundamentais e do Estado democrático de direito, ou mesmo de sua estrutura organizacional. Essas políticas não podem ser delegadas nem sofrer interrupção, sendo constituídas pelos Poderes Executivo, Legislativo e Judiciário. Além disso, o financiamento é originário exclusivamente de recursos públicos, de inexequível transferência ou terceirização, ou seja, em uma política estatal, o Estado é o ente privilegiado na produção da política pública.

※ **Políticas de governo**: operacionalizadas pela administração ou delegadas mediante terceirizações, toleram a descontinuidade e a interrupção, ou seja, a sociedade também exerce papel ativo no processo de implementação da política. "Podem sofrer variação de governo para governo, sendo que, para o seu provimento, é admitido o cofinanciamento privado, através de regras e controles fixados pelo Poder Público" (Aith, 2006, p. 236-238).

Portanto, é essencial assimilar que a expressão *política pública* não deve ser tomada como sinônimo de *política estatal*. O termo *política pública* não advém da exclusividade do Estado. "Sua maior identificação é com o que em latim se denomina de *res publica*, isto é, *res* (coisa), *publica* (de todos), e, por isso, constitui algo que compromete tanto o Estado quanto a sociedade" (Pereira, 2009, p. 94). Além disso, vale dizer que a política pública pressupõe a ação ou a não ação do Estado, envolvendo agentes governamentais e não governamentais em diferentes espaços e tempos.

Nesse aspecto, é de suma importância conhecer as variantes do termo *política* e os respectivos desdobramentos, para entender que tanto a política social quanto a política pública são de alguma forma políticas de ação "integrantes do ramo de conhecimento denominado de *policy science*, só que a política social é uma espécie do gênero política pública (*public policy*)" (Pereira, 2008b, p. 173)

A política social adquire em Marshall (1967) maior relevância por ser relacionada aos direitos sociais e à cidadania.

Para Marshall (1967, p. 63), o conceito de *cidadania* é composto por três elementos: civil, político e social. Os direitos civis entraram em cena, conforme esse autor, no século XVIII, foram os primeiros a serem conquistados e estão relacionados ao exercício da liberdade individual: a liberdade de ir e vir; a liberdade de imprensa, pensamento e fé; o direito à propriedade; o direito de concluir contratos válidos; e o direito à justiça. Os direitos políticos constituíram-se no século XIX e referem-se à

possibilidade de participar do exercício do poder político, como membro eleito de um dos organismos integrantes do Estado ou como seu eleitor. Já o elemento social, que se configurou no século XX, refere-se "a tudo o que vai desde o direito a um mínimo de bem-estar econômico e segurança ao direito de participar [...] na herança social e levar a vida de um ser civilizado de acordo com os padrões que prevalecem na sociedade" (Marshall, 1967, p. 63-64).
Outros atores que trabalham com o conceito de cidadania são Pinsky e Pinsky (2008, p. 9):

> Ser cidadão é ter direito à vida, à liberdade, à propriedade, à igualdade perante a lei: é, em resumo, ter direitos civis, é também participar no destino da sociedade, votar, ser votado, ter direitos políticos. Os direitos civis e políticos não asseguram a democracia sem os direitos sociais, aqueles que garantem a participação do indivíduo na riqueza coletiva: o direito à educação, ao trabalho, ao salário justo, à saúde, a uma velhice tranquila. Exercer a cidadania plena é ter direitos civis, políticos e sociais.

Marshall (1967), ao tomar como ponto de partida o desenvolvimento da cidadania na Inglaterra, explica que, embora ela tenha obtido grande progresso com o desenvolvimento do capitalismo, este contribuiu para o estabelecimento da desigualdade social a ponto de torná-la necessária, tendo em vista que o sistema capitalista de produção é um sistema não igualitário que oferece incentivos aos mais esforçados, aos "merecedores". O problema identificado pelo autor ocorre quando a desigualdade se torna excessiva. Ele parte do argumento de que "a desigualdade do sistema de classes sociais pode ser aceitável desde que a igualdade de cidadania seja reconhecida" (Marshall, 1967, p. 62). Para que isso ocorra, deve haver condições para que todos tenham acesso aos direitos civis, políticos e sociais.
Portanto, Marshall (1967, p. 88) considera a cidadania compatível com as desigualdades das classes sociais, ainda que defenda que o "objetivo dos direitos sociais constitui [...] a redução das diferenças de classe". O autor não afirma, contudo, que as desigualdades acabariam com o advento da cidadania e o aparecimento

de uma igualdade básica a ser tolerada pelo sistema capitalista. A questão é que o surgimento dessa igualdade básica decorrente da garantia de cidadania não assegura ao indivíduo, nem mesmo tendo ele acesso aos seus elementos civil, político e social, a igualdade de classe.

Diante das desigualdades necessárias de um sistema capitalista, o Estado deve, então, subsidiar suas políticas públicas de direito de cidadania calcado nos elementos de justiça social, garantindo o acesso dos cidadãos aos bens econômicos e sociais produzidos coletivamente (Souza, 2016).

A respeito de o conceito de **justiça social** estar presente nas discussões sobre **cidadania**, Pereira (2008a) utiliza-se de Rawls (1997) para subsidiar sua explanação a respeito desse vínculo usual entre tais conceitos. A autora explica, ainda com base em Rawls (1997), que isso ocorre primeiramente porque a justiça é o valor prioritário entre outros valores e normas que presidem a vida em sociedades modernas e, em segundo lugar, porque ela "exige que a política se oriente por parâmetros de distribuição que estejam de acordo com o direito (e não com o mérito ou privilégio) dos cidadãos" (Pereira 2008a, p. 98). Assim, existem duas especificidades da justiça:

> a. Jurídica: ao mesmo tempo em que zela pelos direitos do cidadão, deve punir os que desrespeitam esses direitos, incluindo o próprio Estado;
>
> b. Material: que requer a definição de critérios distributivos. [...], o principal é o direito de todos ao que lhe [sic] é devido, [...] o qual deve ser caracterizado por políticas de ação (políticas públicas) [...] tem como principal tarefa satisfazer necessidades sociais. (Pereira, 2008a, p. 98)

Mais subsídios podem ser trazidos para a discussão desse tema. Crahay (2000, p. 41) desdobra o elemento da justiça social em dois princípios: o da justiça meritocrática e o da justiça corretiva. O primeiro deles está ligado à ideia de meritocracia: a de que "todos sejam recompensados e valorizados consoante os méritos próprios". O segundo, que implica a ideia de correção, visa corrigir as desigualdades sociais, promovendo a "igualdade máxima para todos ao nível das competências dominadas" (Crahay, 2000, p. 41). Em se tratando de educação, por exemplo, esses dois princípios estão diretamente ligados ao conceito de *igualdade de oportunidades*:

- Um lado argumenta que a escola deve atuar de modo a promover a compensação aos "menos favorecidos", ampliando o ensino de modo "inversamente proporcional às capacidades iniciais dos alunos e, em consequência, oferecer mais atenção àqueles que a origem social tornou mais renitentes à aprendizagem" (Crahay, 2000, p. 43).
- Outro lado empenha-se por igualar o princípio pedagógico ao princípio econômico, por isso encampa ideias fundadas no princípio de "trabalho igual, salário igual": "para potencialidades de aprendizagens iguais, oportunidades educativas iguais e para potencialidades desiguais, oportunidades de aprendizagens desiguais" (Crahay, 2000, p. 43).

O vínculo entre os conceitos de *cidadania* e *justiça social* é decorrente, portanto, de uma particularidade que requer efetiva atuação do Estado na proteção social de seus cidadãos. Trata-se de uma atuação que, por meio de políticas sociais de inclusão, garanta seus direitos de cidadania, de modo que, mesmo vivendo numa sociedade dividida em classes, esses cidadãos tenham pleno usufruto dos bens socialmente produzidos:

> Políticas inclusivas supõem uma adequação efetiva ao conceito avançado de cidadania coberto pelo ordenamento jurídico do país. É ainda dentro dos espaços nacionais, espectro privilegiado da cidadania, que se constroem políticas duradouras em vista de uma democratização de bens sociais, aí compreendida a educação escolar. (Cury, 2005, p. 12)

Portanto, os princípios de cidadania e justiça social estão imbricados no trabalho interventivo do assistente social na medida em que este se torna capaz de contextualizá-los e vinculá-los ao processo que fundamenta as bases de sua determinação histórica, ou seja, a "questão social".

O reconhecimento da "questão social" como base que fundamenta seu trabalho configura-se como uma necessidade, uma vez que justifica a instituição de uma justiça social de distribuição de bens e serviços garantidos pelo Estado e, ao mesmo tempo, identifica os sujeitos coletivos e individuais como sujeitos de direitos.

No próximo capítulo, vamos examinar as políticas públicas setoriais na área da criança e do adolescente e o direito à educação sob o prisma da equidade e da justiça social, tendo o Estado como garantidor de bens e serviços sociais.

Questões para reflexão

1. **Nesta subseção, analisamos as especificidades das políticas públicas. Pense nelas e responda: Qual é a diferença entre política de Estado e política de governo?**

    Dica: lembre-se da situação de continuidade e descontinuidade das políticas.

2. **Diante das desigualdades necessárias de um sistema capitalista, o Estado deve, então, subsidiar suas políticas públicas de direito de cidadania com base em quais elementos?**

    Dica: lembre-se de que o Estado busca garantir o acesso dos cidadãos aos bens econômicos e sociais produzidos coletivamente.

Síntese

Iniciamos este capítulo destacando que o Estado é uma forma de organização política que marca o início da Modernidade, com o aparecimento do capitalismo mercantil e a extinção do modo de produção feudal.

Com base nos diversos conceitos construídos sobre o Estado, tomamos como ponto de partida, com relação ao Brasil, o Estado Novo, surgido após a Revolução de 1930, que marcou o fim do ciclo hegemônico da economia agroexportadora e o início da era produtiva de base urbano-industrial. O fim do Estado Novo ocorreu em concomitância com o término da Segunda Guerra Mundial, em 1945, quando a população estava insatisfeita com o regime ditatorial de Getúlio Vargas e clamava por democracia. O período em que vigorou o regime político ditatorial instaurado em 1964, que perdurou até 1988, ano da redemocratização, caracteriza-se pela expansão da produtividade, pela modernização da economia e pela abertura para o capital estrangeiro, mas resultou num intenso endividamento do país.

A vitória dos movimentos sociais em prol da democracia ocorreu somente após a promulgação da Constituição Federal de 1988, conhecida como *Constituição Cidadã*, que trouxe em seu bojo marcas de transformações sociopolíticas no país: a consolidação e a organização do regime democrático.

Quanto às políticas sociais e o trabalho interventivo do assistente social, ambos se inserem no movimento contraditório da sociedade capitalista e têm como objeto a "questão social" e suas expressões. A vinculação profissional do Serviço Social aos interesses da classe trabalhadora ocorreu numa conjuntura social de revisão crítica, conhecida na área como *Movimento de Reconceituação*, que originou o chamado *projeto ético-político profissional*, o qual, por sua vez, esteve engajado no projeto de redemocratização do país e na elaboração e aprovação da Constituição Federal de 1988. Esse processo deu ênfase à política social como um campo de luta para a garantia dos direitos sociais.

Para saber mais

BOSCHETTI, I. et al. (Org.). **Política social no capitalismo**: tendências contemporâneas. São Paulo: Cortez, 2009.

Essa coletânea de textos é resultado do trabalho de envolvimento de autores renomados na área do Serviço Social e que integram, ao todo, sete grupos de pesquisa coordenados pela Universidade de Brasília (UnB). Os artigos publicados nesse livro apresentam as direções nas quais as políticas sociais vêm sendo trabalhadas.

FREIRE, L. M. M.; FREIRE, S. de M.; CASTRO, A. T. B. de (Org.). **Serviço social, política social e trabalho**: desafios e perspectivas do séc. XXI. 2. ed. São Paulo: Cortez; Rio de Janeiro: Ed. da UERJ, 2008.

Esse livro é uma coletânea de textos produzidos por profissionais do Programa de Pós-Graduação em Serviço Social da Universidade Estadual do Rio de Janeiro (Uerj), na área de concentração de Trabalho e Política Social. Ele tem como objetivo socializar o conhecimento produzido pelos mestres e doutores da Uerj, democratizando os resultados das pesquisas desenvolvidas.

OLIVEIRA, F. de. **Crítica à razão dualista/O ornitorrinco**. São Paulo: Boitempo, 2008.

Esta é uma obra histórica de Chico Oliveira, cuja abordagem possibilita uma convergência entre as questões que tratam da política, da economia e da sociedade brasileira. São ensaios que atualizam a crítica à economia brasileira, mais especificamente ao período de intensificação da industrialização, pós-Revolução de 1930.

Questões para revisão

1. Com o intuito de apresentar uma materialização dos processos de políticas públicas, Theodoulou (2005) propôs que se observem algumas fases sequenciais. A primeira delas é:
   a) adoção da política.
   b) formulação da política.
   c) análise e avaliação.
   d) reconhecimento do problema e identificação do tema.

2. Para Marshall (1967), o conceito de cidadania é composto por três elementos, que são:
   a) direito, política e social.
   b) civil, político e social.

c) institucional, civil e social.
d) político, institucional e social.

3. É no período de transição entre o regime autoritário da ditadura militar e a perspectiva democrática que o debate e a reflexão no trato do Estado com as políticas sociais alcançam um profundo enraizamento. Isso se deve tanto às crises políticas quanto ao agravamento da "questão social" em nosso país. É importante notar que, embora a conjuntura fosse de adversidades, o novo panorama apresentado na história da política brasileira vislumbrava aberturas de novos procedimentos de regulamentação das relações entre o Estado e a sociedade civil. Esse momento foi designado por Degennszajh (2000) como:
    a) "nova institucionalidade democrática".
    b) "abertura democrática".
    c) "política democrática".
    d) "democracia social".

4. Diante do exposto neste capítulo, explique o que você entendeu sobre o conceito de *justiça social*.

5. Em que momento se deu a vinculação profissional do Serviço Social aos interesses da classe trabalhadora?

CAPÍTULO 2

Políticas setoriais para a área da criança e do adolescente e o direito à educação

Conteúdos do capítulo:

- Direitos da criança e do adolescente.
- Sistema Nacional de Atendimento Socioeducativo (Sinase).
- Sistema de Garantia de Direitos da Criança e do Adolescente (SGDCA).
- Relação entre a educação e os direitos humanos.
- Especificidades da educação brasileira.
- Marcos legais.
- Inserção do Serviço Social na educação.
- Orientações do Conselho Federal de Serviço Social (CFESS) acerca dos papéis e atribuições do Serviço Social na educação.

Após o estudo deste capítulo, você será capaz de:

1. reconhecer os direitos da criança e do adolescente;
2. entender o Sinase;
3. entender o SGDCA;
4. relacionar a educação aos direitos humanos;
5. compreender a atuação do Serviço Social na política educacional;
6. refletir sobre as orientações do CFESS a respeito das atribuições do assistente social na educação.

O objetivo geral deste capítulo é esclarecer como se constitui a política setorial brasileira para a área da criança e do adolescente e também para a área de educação. Para isso, abordaremos, num primeiro momento, com base no paradigma da proteção integral, a organização da política de direitos da criança e do adolescente e o Sistema de Garantia de Direitos da Criança e do Adolescente (SGDCA) no Brasil. Posteriormente, examinaremos a política social setorial para a educação e suas particularidades no que concerne à garantia de direitos sociais, relacionando-a com os direitos humanos e detalhando suas especificações de modo a possibilitar o entendimento do processo de inserção do Serviço Social na política educacional.

2.1 Os direitos da criança e do adolescente

A proteção integral e a defesa dos direitos da criança e do adolescente fazem parte do rol de dispositivos de proteção dos direitos humanos que constituem um sistema internacional de proteção estabelecido por vários tratados internacionais. Trata-se de convenções significativas, das quais participam vários países que partilham de posições consensuais a respeito de princípios e diretrizes concernentes aos direitos humanos e às liberdades fundamentais. Um exemplo dos mais significativos ocorreu em 1948, com a proclamação da Declaração Universal dos Direitos Humanos, a qual firmou um compromisso com vários povos e nações, incluindo o Brasil, de adotar um ideário moderno de direitos humanos, ratificada posteriormente pela Declaração de Direitos Humanos de Viena, de 1993.

Para Norberto Bobbio (2004, p. 63), "os direitos do homem são, indubitavelmente, um fenômeno social". O filósofo político italiano explica que foi a partir da Segunda Guerra Mundial que o reconhecimento dos direitos do homem começou a abranger todos os povos, e seu crescimento ocorreu com base em três processos:

1. aumento da quantidade de bens a serem tutelados – "Em substância: mais bens, mais sujeitos, mais *status* do indivíduo" (Bobbio, 2004, p. 63);
2. ampliação da titularidade de alguns direitos, em função da qual se passou a garantir a passagem da posse de um direito individual para outros sujeitos, como as famílias e as minorias étnicas;
3. particularização do homem em "suas diversas maneiras de ser em sociedade, como criança, velho, doente, etc." (Bobbio, 2004, p. 63).

O percurso histórico dos direitos humanos mostra-nos que seu desenvolvimento está diretamente relacionado às mudanças societárias e que sua ampliação está vinculada a importantes conquistas no âmbito dos direitos sociais, que concederam protagonismo a novos sujeitos de direito. Ou seja, a expansão dos direitos humanos significou a particularização de outros sujeitos de direito.

> Nessa ótica, determinados sujeitos de direitos, ou determinadas violações de direitos, exigem uma resposta específica e diferenciada. Em tal cenário, as mulheres, as crianças, a população afrodescendente, os migrantes, as pessoas portadoras de deficiência, dentre outras categorias vulneráveis, devem ser vistas nas especificidades e peculiaridades de sua condição social. (Piovesan, 2004, p. 29)

É nesse cenário de especificidade que se desenha a trajetória dos direitos da criança e do adolescente no Brasil. É possível identificar tanto na Constituição Federal de 1988 (Brasil, 1988) quanto no Estatuto da Criança e do Adolescente – ECA (Brasil, 1990b), os marcos iniciais da concepção de um novo paradigma de proteção integral, que compreende a criança e o adolescente como sujeitos portadores de direitos, encontrando respaldo jurídico na lei:

Art. 227. É dever da família, da sociedade e do Estado assegurar à criança, ao adolescente e ao jovem, com absoluta prioridade, o direito à vida, à saúde, à alimentação, à educação, ao lazer, à profissionalização, à cultura, à dignidade, ao respeito, à liberdade e à convivência familiar e comunitária, além de colocá-los a salvo de toda forma de negligência, discriminação, exploração, violência, crueldade e opressão. (Brasil, 1988)

Nesse contexto de garantia de direitos, temos, um ano depois, o marco representado pela Convenção Internacional sobre os Direitos da Criança, que foi adotada pela Assembleia Geral da Organização das Nações Unidas (ONU) em 1989. O Brasil participou como signatário dos princípios contidos nessa convenção, e essa atuação teve como desdobramento a construção de normativas legais correspondentes aos preceitos por ela defendidos, bem como a implementação de políticas públicas para a área da infância e da juventude. O Quadro 2.1 apresenta uma síntese dos direitos da criança estabelecidos nessa convenção.

Quadro 2.1 – Síntese dos direitos da criança[1] estabelecidos na Convenção Internacional Sobre os Direitos da Criança

Direitos civis e políticos	Direitos econômicos, sociais e culturais	Direitos especiais (proteção)
Registro, nome, nacionalidade, conhecer os pais	Vida, sobrevivência e desenvolvimento	Proteção contra abuso e negligência
Expressão e acesso à informação	Saúde	Proteção especial e assistência para a criança refugiada
Liberdade de pensamento, consciência e crença	Previdência social	Educação e treinamento especiais para crianças portadoras de deficiência

(continua)

---

1 "Artigo 1. Para efeitos da presente Convenção, considera-se como criança todo ser humano com menos de 18 anos de idade, a não ser que, em conformidade com a lei aplicável à criança, a maioridade seja alcançada ante" (Brasil, 1990a).

(Quadro 2.1 – conclusão)

Direitos civis e políticos	Direitos econômicos, sociais e culturais	Direitos especiais (proteção)
Liberdade de associação	Educação fundamental (ensino primário obrigatório e gratuito)	Proteção contra utilização pelo tráfico de drogas, exploração sexual, venda, tráfico e sequestro
Proteção da privacidade	Nível de vida adequado ao desenvolvimento integral	Proteção em situação de conflito armado e reabilitação de vítimas desses conflitos
	Lazer, recreação e atividades culturais	Proteção contra trabalho prejudicial à saúde e ao desenvolvimento integral
	Crianças de comunidades minoritárias: direito de viver conforme a própria cultura	Proteção contra uso de drogas
		Garantias do direito ao devido processo legal, no caso de cometimento de ato infracional

Fonte: Adaptado de Frota, 2004, p. 71.

Conforme Fullgraf (2001, p. 26-27), a Convenção teve por objetivo conciliar as mais diversas disposições internacionais de proteção à criança, "representando um forte instrumento inovador, internacionalmente reconhecido dos direitos das crianças, sendo assim um marco fundamental no percurso da construção e definição de um estatuto digno para todas as crianças".

A normativa legal que inaugurou uma nova era dos direitos da criança e do adolescente no Brasil foi o ECA, aprovado pela Lei n. 8.069 de 13 de julho de 1990 (Brasil, 1990b), que regulamentou os arts. 227 e 228 da Constituição. Trata-se da primeira lei sancionada de acordo com a Convenção Internacional sobre os Direitos da Criança e representou um avanço para o país, que anteriormente tinha um Código de Menores datado de 1979

(Brasil, 1979). Segundo Silva (2005, p. 32), o Código de Menores foi "lançado em um momento de contestação política e respaldado na Política Nacional de Bem-Estar do Menor (PNBM), [e] representava os ideais dos militares que estavam em crise". Logo, os anseios dos movimentos sociais em defesa dos interesses das crianças e dos adolescentes não estavam amparados pela legislação da época em questão, o que mais tarde levou à falência do referido código, que já vinha sendo muito criticado pelo respaldo a abusos e práticas institucionais que atentavam contra a proteção da criança e do adolescente.

Silva (2005) destaca as críticas apresentadas contra o Código de Menores de 1979 sob dois aspectos:

1. As crianças e os adolescentes, até então denominados de "menores", eram culpabilizados por estarem "em situação irregular", situação esta determinada pela pobreza e inexistência de políticas públicas. A doutrina da "situação irregular", contida no Código de Menores, referia-se a situações de privação de condições de subsistência, maus-tratos, riscos em virtude de exposição indevida, o que o Código, em seu art. 2º, inciso III, chamou de "perigo moral" em razão de: "a) encontrar-se, de modo habitual, em ambiente contrário aos bons costumes; b) ser explorado em atividades contrárias aos bons costumes" (Brasil, 1979). Também se considerava em "situação irregular" o "menor" que estivesse destituído de representação por motivo de ausência da família, ou "com desvio de conduta, em virtude de grave inadaptação familiar ou comunitária" (Brasil, 1979) ou ainda, por prática infracional.
2. Não era prevista a existência do devido processo legal para os casos de crianças e adolescentes apreendidos por presunção de ato infracional, regulamentando-se, assim, a "criminalização da pobreza" (Silva, 2005, p. 33). Consequentemente, a concepção de política social implícita era a do controle social dos "menores".

O esgotamento das práticas operacionalizadas pelo Código de Menores de 1979 culminou, então, no nascimento do ECA, que atribuiu "às crianças e aos adolescentes os direitos e as garantias processuais, ao mesmo tempo que impôs mais limites, responsabilidades penais, controle sócio penal e formas de punição aos adolescentes com práticas de atos infracionais" (Silva, 2005, p. 35).

A doutrina da "proteção integral" substituiu o defasado modelo da doutrina da "situação irregular", o que foi considerado um avanço pelos movimentos sociais da área da infância e da juventude. É importante lembrar que tal doutrina, adotada pelo ECA, foi afirmada pela Convenção das Nações Unidas sobre os Direitos da Criança, encampada pela Assembleia Geral da ONU em 1989 e transformada em lei no Brasil (Brasil, 1990b).

A doutrina da proteção integral consiste no desafio de trabalhar sob a ótica de um sistema de garantia de direitos, cujo fundamento está em tratar a criança e o adolescente como sujeitos de direito.

> Art. 3º A criança e o adolescente gozam de todos os direitos fundamentais inerentes à pessoa humana, sem prejuízo da proteção integral de que trata esta Lei, assegurando-se-lhes, por lei ou por outros meios, todas as oportunidades e facilidades, a fim de lhes facultar o desenvolvimento físico, mental, moral, espiritual e social, em condições de liberdade e de dignidade. (Brasil, 1990b)

O ECA é composto por duas partes, a Parte Geral e a Parte Especial, conforme especificado no Quadro 2.2, a seguir. A Parte Geral trata dos direitos fundamentais e da prevenção e tem como foco todas as crianças e adolescentes, sem exceção. A Parte Especial dirige-se às crianças e aos adolescentes em situação de risco pessoal e social, "por ação ou omissão da sociedade ou do Estado, por falta, omissão ou abuso dos pais ou responsável ou em razão de sua conduta" (Brasil, 1990b).

Quadro 2.2 – Organização do Estatuto da Criança e do Adolescente (ECA)

	Conceitos	Conteúdo	Destinatário	Artigos
Parte Geral	Criança: até 12 anos de idade incompletos. Adolescente: entre 12 e 18 anos de idade.	• Direito à vida e à saúde, à liberdade, ao respeito e à dignidade, à convivência familiar e comunitária, à educação, à cultura, ao esporte, ao lazer, à profissionalização e à proteção no trabalho; • Prevenção; • Prevenção especial.	Todas as crianças e adolescentes.	7º ao 85
Parte Especial	Criança: até 12 anos de idade incompletos Adolescente: entre 12 e 18 anos de idade.	• Políticas de atendimento; • Entidades de atendimento; • Medidas de proteção; • Medidas socioeducativas; • Medidas pertinentes aos pais ou responsáveis; • Órgãos de defesa dos direitos; • Crimes e infrações administrativas praticados contra a criança e o adolescente, por ação ou omissão.	Crianças e adolescentes em situação de risco pessoal e social.	86 ao 267

Fonte: Elaborado com base em Brasil, 1990b.

A lei que protege integralmente a criança e o adolescente define-os como pessoas em condição peculiar de desenvolvimento. Isso significa dizer que todas as crianças e adolescentes são cidadãos em desenvolvimento e, por conta disso, precisam de proteção integral e de garantias de defesa de seus direitos por parte da família, da comunidade, da sociedade em geral e do Poder Público, com absoluta prioridade.

Portanto, de acordo com o ECA, crianças e adolescentes são considerados sujeitos de direito e, diferentemente do previsto no Código de Menores de 1979, não podem mais ser tratados com excessos, repressão e controle. A lei estabelece até mesmo uma diferenciação quanto ao atendimento de adolescentes autores de ato infracional e, complementada pelo Sistema Nacional de Atendimento Socioeducativo – Sinase (Brasil, 2012), prevê que esse público seja atendido sob uma perspectiva de inclusão social.

O Sinase foi instituído por uma lei que regulamenta a execução das medidas socioeducativas de restrição e privação de liberdade constantes no art. 112 do ECA e delega competências a todos os entes federados, especificando desde as condições da estrutura física até a previsão de recursos materiais, financeiros e humanos para a execução das medidas socioeducativas, além de respaldar planos, políticas e programas específicos de atendimento ao adolescente autor de ato infracional, os quais, por sua vez,

> Art. 8º [...] deverão, obrigatoriamente, prever ações articuladas nas áreas de educação, saúde, assistência social, cultura, capacitação para o trabalho e esporte, para os adolescentes atendidos, em conformidade com os princípios elencados na Lei nº 8.069, de 13 de julho de 1990 (Estatuto da Criança e do Adolescente). (Brasil, 2012)

O Sinase está articulado com os princípios constitucionais e com o ECA, devendo ser elaborado por órgãos integrantes do Sistema de Garantia de Direitos da Criança e do Adolescente (SGDCA). O Sinase, portanto, representa um avanço na proposta de atendimento para a área, sendo assim entendido:

> Art. 1º [...]
>
> § 1º conjunto ordenado de princípios, regras e critérios que envolvem a execução de medidas socioeducativas, incluindo-se nele, por adesão, os sistemas estaduais, distrital e municipais, bem como todos os planos, políticas e programas específicos de atendimento a adolescente em conflito com a lei. (Brasil, 2012)

Desse modo, os preceitos garantidos tanto pelo ECA quanto pelo Sinase trabalham com medidas socioeducativas sob a perspectiva pedagógica, promovendo-se até mesmo a participação dos adolescentes no respectivo programa de atendimento, especialmente por meio de **planos de atendimento socioeducativo**.

É nesse contexto que o profissional do Serviço Social atua, com participação ativa nos processos de inclusão social do adolescente, buscando assegurar o cumprimento dos direitos preceituados pelas normativas legais. O desafio profissional na execução da política pública numa perspectiva interdisciplinar e intersetorial está presente cotidianamente no trabalho desse profissional, que tem papel fundamental num cenário de tantas incertezas que é a esfera dos direitos humanos, sobretudo das crianças e dos adolescentes.

> **Questão para reflexão**
>
> 1. Elenque alguns dos direitos civis e políticos estabelecidos na Convenção Internacional sobre os Direitos da Criança, adotada pela Assembleia Geral da ONU em 1989, e reflita sobre as implicações que esses direitos apresentam para a sociedade.
>
> **Dica:** lembre-se de que o Brasil participou como signatário dessa convenção.

2.1.1 O Sistema de Garantia de Direitos da Criança e do Adolescente (SGDCA) no Brasil

O SGDCA no Brasil estrutura-se com base em um trabalho em rede entre Estado, família e sociedade civil, ou seja, é um exercício de integração e articulação tanto das instituições públicas governamentais e organizações da sociedade civil nas diversas instâncias (federal, estadual, distrital e municipal) quanto com os outros sistemas nacionais que atuam por meio de políticas públicas setoriais nas áreas de assistência social, educação, saúde, promoção da igualdade e valorização da diversidade etc., fazendo cumprir os dispositivos legais de proteção, promoção e controle dos direitos da criança e do adolescente.

Podemos considerar que o SGDCA vem sendo construído historicamente desde os marcos normativos da Constituição de 1988 e do ECA, por meio da busca pela efetivação dos direitos garantidos em lei, promovendo-os e protegendo-os. Assim, esse processo conseguiu institucionalizar e fortalecer o SGDCA com base na Resolução n. 113, de 19 de abril de 2006, do Conselho Nacional dos Direitos da Criança e do Adolescente (Conanda) foram estabelecidos os parâmetros para a institucionalização e consolidação do SGDCA:

> Art. 2º Compete ao Sistema de Garantia dos Direitos da Criança e do Adolescente promover, defender e controlar a efetivação dos direitos civis, políticos, econômicos, sociais, culturais, coletivos e difusos, em sua integralidade, em favor de todas as crianças e adolescentes, de modo que sejam reconhecidos e respeitados como sujeitos de direitos e pessoas em condição peculiar de desenvolvimento; colocando-os a salvo de ameaças e violações a quaisquer de seus direitos, além de garantir a apuração e reparação dessas ameaças e violações. (Brasil, 2006d)

A institucionalização e o fortalecimento do SGDCA foram tema, em 1999, da III Conferência Nacional dos Direitos da Criança e do Adolescente, que teve como objetivos específicos avaliar a implantação e implementação do SGDCA e definir as políticas e estratégias de operacionalização do sistema. Os órgãos públicos e as organizações da sociedade civil deve atuar em rede com base em três eixos estratégicos:

- defesa dos direitos humanos;
- promoção dos direitos;
- controle e efetivação dos direitos.

Examinaremos cada um deles mais detidamente nas subseções a seguir.

2.1.1.1 Defesa dos direitos humanos

O eixo da defesa dos direitos humanos consiste na exigibilidade judicial, ou seja, na utilização de mecanismos assegurados em lei para recorrer ao sistema da Justiça, valendo-se de diversos instrumentos jurídicos disponíveis pela legislação brasileira para o cumprimento dos direitos relativos à criança e ao adolescente. Entre as instituições legitimadas para os encaminhamentos destas ações, situam-se[2]: judiciais, público-ministeriais (Promotorias de Justiça, Centros de Apoio Operacional, Procuradorias de Justiça), Advocacia Geral da União e Procuradorias Gerais dos estados, polícia civil judiciária (inclusive a polícia técnica), polícia militar, ouvidorias e entidades de defesa de direitos humanos incumbidas de prestar proteção jurídico-social, com destaque para:

- **Ministério Público**: o art. 127 da Constituição de 1988 apresenta esse órgão como "instituição permanente, essencial à função jurisdicional do Estado, incumbindo-lhe a defesa da ordem jurídica, do regime democrático e dos interesses sociais e individuais indisponíveis" (Brasil, 1988). Carvalho e Leitão (2010) destacam que o Ministério Público, com a Constituição de 1988, deixa de ter vinculação com qualquer um dos poderes (Legislativo, Executivo ou Judiciário) e passa a ter a função de fiscalizar o cumprimento das leis. O ECA confere ampla especificação à atuação dessa entidade para proteção dos interesses individuais ou coletivos das crianças e dos adolescentes.
- **Defensorias Públicas**: a Defensoria Pública presta assistência jurídica gratuita aos cidadãos que não possuem condições de acessar a Justiça por meio de advogado particular. No texto da lei (art. 134 da Constituição), assim se definem o papel e o âmbito de atuação da Defensoria Pública, como expressão e instrumento do regime democrático: "fundamentalmente, a orientação jurídica, a promoção dos direitos humanos e a defesa, em todos os graus, judicial e extrajudicial, dos direitos individuais e coletivos, de

---
2 Explicitamos aqui alguns órgãos de destaque na atuação em prol da proteção, da promoção e do controle dos direitos da criança e do adolescente, conforme a Resolução Conanda n. 113/2006 (Brasil, 2006d).

forma integral e gratuita, aos necessitados" (Brasil, 1988). A Lei Orgânica Nacional da Defensoria Pública (Brasil, 1994a)[3] foi publicada em 1994, tendo na alteração de 2009 seus objetivos explicitados: a primazia da dignidade da pessoa humana e a redução das desigualdades sociais; a afirmação do Estado democrático de direito; a prevalência e efetividade dos direitos humanos; e a garantia dos princípios constitucionais da ampla defesa e do contraditório.

- **Conselhos Tutelares**: o Conselho Tutelar, embora não fazendo parte das instituições ou órgãos de justiça, tem papel fundamental na defesa dos direitos da criança e do adolescente. Instituído pelo ECA, cada município (ou, no caso do Distrito Federal, a região administrativa) deve ter, no mínimo, um Conselho Tutelar composto por cinco membros. Estes são escolhidos pela população local para exercer um mandato de quatro anos, sendo permitida a recondução à função mediante novo processo de escolha. O Conselho Tutelar é um "órgão permanente e autônomo, não jurisdicional, encarregado pela sociedade de zelar pelo cumprimento dos direitos da criança e do adolescente" (Brasil, 1990b). Para esclarecer o significado de algumas características atribuídas ao Conselho Tutelar, Konzen (2000) define a atribuição de "permanente" como a de uma unidade da organização estatal, à qual é conferido um conjunto de competências. A incumbência de ser um órgão "autônomo" está relacionada à sua prerrogativa de agir ou aplicar medidas, sem que esteja sujeito a interferências externas, de forma que suas decisões somente podem ser questionadas ou revistas pelo Poder Judiciário. Por fim, esse órgão é definido como "não jurisdicional" porque sua ação ocorre no âmbito das atividades administrativas: "o proceder do agente tutelar, por situar-se na esfera administrativa, limita-se a verificar a situação, formar o seu juízo de valor e determinar, a partir do seu convencimento, a melhor providência para o caso concreto" (Konzen, 2000, p. 171).

---

[3] Lei Complementar n. 80, de 12 de janeiro de 1994, alterada pela Lei Complementar n. 132, de 7 de outubro de 2009.

2.1.1.2 Promoção dos direitos

O eixo da promoção dos direitos se refere à "política de atendimento dos direitos da criança e do adolescente" (Brasil, 1990b), prevista no art. 86 do ECA. Resulta da intervenção na realidade social dos diversos atores incumbidos de promover os direitos desses cidadãos-crianças e cidadãos-adolescentes, por meio da operacionalização das políticas públicas setoriais. A composição desse eixo deve resultar:

> Art. 14 [...]
>
> [...]
>
> I – na satisfação das necessidades básicas de crianças e adolescentes pelas políticas públicas, como garantia de direitos humanos e ao mesmo tempo como um dever do Estado, da família e da sociedade;
>
> II – na participação da população, através das suas organizações representativas, na formulação e no controle das políticas públicas;
>
> III – na descentralização política e administrativa, cabendo a coordenação das políticas e edição das normas gerais à esfera federal e a coordenação e a execução dessas políticas e dos respectivos programas às esferas estadual, distrital e municipal, bem como às entidades sociais; e
>
> IV – no controle social e institucional (interno e externo) da sua implementação e operacionalização. (Brasil, 2006d)

A política de atendimento dos direitos humanos de crianças e adolescentes no Brasil opera por meio de três tipos de programas, serviços e ações públicas:

1. **Serviços e programas das políticas públicas**: garantia do acesso aos serviços públicos e equipamentos sociais. Conforme o art. 16 da Resolução n. 113/2006 do Conanda, "as políticas públicas, especialmente as políticas sociais, assegurarão o acesso de todas as crianças e todos os adolescentes a seus serviços, especialmente as crianças e os adolescentes com seus direitos violados ou em conflito com a lei" (Brasil, 2006d).
2. **Execução de medidas de proteção de direitos humanos**: programas de acolhimento familiar ou institucional; prevenção e

atendimento médico e psicossocial às vítimas de negligência, maus-tratos, exploração, abuso, crueldade e opressão; identificação e localização de pais, responsáveis, crianças e adolescentes desaparecidos. O art. 17 da Resolução n. 113/2006 do Conanda rege que o atendimento dos programas de proteção tem caráter emergencial e visa "prevenir a ocorrência de ameaças e violações dos direitos humanos de crianças e adolescentes e atender às vítimas imediatamente após a ocorrência dessas ameaças e violações" (Brasil, 2006d).

3. **Execução de medidas socioeducativas e assemelhadas**: prestação de serviço à comunidade, liberdade assistida, semiliberdade e internação. O art. 19. da Resolução n. 113/2006 do Conanda indica que a operacionalização dos programas de execução de medidas socioeducativas é destinada "ao atendimento dos adolescentes autores de ato infracional, em cumprimento de medida judicial socioeducativa, aplicada na forma da lei" (Brasil, 2006d).

2.1.1.3 Controle e efetivação dos direitos

No eixo do controle e efetivação dos direitos, os Conselhos de Direitos têm atuação destacada por zelar pelo efetivo funcionamento do SGDCA. O ECA, em 1990, já projetava esse mecanismo de controle na obrigatoriedade da:

> Art. 88 [...]
>
> [...]
>
> II – criação de conselhos municipais, estaduais e nacional dos direitos da criança e do adolescente, órgãos deliberativos e controladores das ações em todos os níveis, assegurada a participação popular paritária por meio de organizações representativas, segundo leis federal, estaduais e municipais; (Brasil, 1990b)

A criação desses conselhos não é restrita somente à área da criança e do adolescente. Em várias instâncias das políticas setoriais (públicas e sociais), a constituição de conselhos é uma realidade; afinal, eles asseguram a participação da sociedade civil organizada na esfera de formulação, supervisão e avaliação de políticas públicas em comum com os representantes do governo. Portanto, são espaços paritários de caráter deliberativo, normativo ou consultivo.

Vale ressaltar que, apesar de o sistema atuar em eixos estratégicos, isso não quer dizer que uma organização governamental ou mesmo da sociedade civil não possa desempenhar outras funções dentro dele, fora de sua linha estratégica. Para exemplificarmos essa ideia, podemos citar o caso do Ministério Público, que, no SGDCA, está alocado primeiramente no eixo da defesa dos direitos da criança e do adolescente. Sua atuação, porém, é tão ampla que transcende a especificidade desse eixo, perpassando as outras vertentes estratégicas.

O SGDCA tornou-se um importante instrumento de defesa dos direitos da infância e da juventude no Brasil. As lutas travadas pelos movimentos sociais pró-infância conquistaram vitórias desde a promulgação da Constituição de 1988, que reconheceu com absoluta prioridade a criança e o adolescente como sujeitos de direitos, devendo a família, a sociedade e o Estado garantir os direitos relativos "à vida, à saúde, à alimentação, à educação, ao lazer, à profissionalização, à cultura, à dignidade, ao respeito, à liberdade e à convivência familiar e comunitária" (Brasil, 1988), responsabilizando-se inclusive pela preservação da integridade física e moral.

Nesse contexto, a área da criança e do adolescente deve tornar-se um espaço desafiador de atuação do assistente social no que tange à proteção integral desses indivíduos, na busca por defender e garantir a efetivação dos direitos humanos dos cidadãos-crianças e dos cidadãos-adolescentes, segundo os postulados do projeto ético-político do Serviço Social.

2.2 Especificações do direito à educação

O direito à educação está garantido no rol dos direitos sociais elencados pela Constituição Federal (Brasil, 1988), em seu art. 6º: "São direitos sociais a educação, a saúde, a alimentação, o trabalho, a moradia, o transporte, o lazer, a segurança, a previdência social, a proteção à maternidade e à infância, a assistência aos desamparados, na forma desta Constituição", assim como em seu art. 205. "A educação, direito de todos e dever do Estado e da família, será promovida e incentivada com a colaboração da sociedade, visando ao pleno desenvolvimento da pessoa, seu preparo para o exercício da cidadania e sua qualificação para o trabalho". Portanto, no Brasil, a educação torna-se, posteriormente à Carta Magna de 1988, dever do Estado e direito dos seus cidadãos. Segundo Cury (2002), essa inscrição na lei é a primeira garantia para o direito, mas não ocorre de forma linear e mecânica; é fruto de lutas embasadas em uma concepção democrática de sociedade, em prol da igualdade de oportunidades e de condições sociais.

A partir da conquista da Constituição, outras leis foram sancionadas para regulamentar o direito à educação. A Lei n. 9.394, de 20 de dezembro de 1996 (Brasil, 1996), estabeleceu as diretrizes e bases da educação nacional. Assim, a educação no Brasil começou a ser organizada nos seguintes níveis e modalidades de educação e ensino:

- **Educação básica**: compreende a educação infantil, incluindo o atendimento das crianças de até 3 anos em creches e de 4 e 5 anos na pré-escola; o ensino fundamental, com duração mínima de 8 anos; o ensino médio, com duração mínima de 3 anos; e o ensino de jovens e adultos, destinado àqueles que não concluíram os níveis fundamental e médio na idade apropriada.

- **Educação profissional**: trata-se da oferta de ensino técnico integrado ao ensino médio ou subsequente, de modo a preparar o estudante para o exercício de alguma profissão.
- **Educação superior**: esse nível de ensino abrange os **cursos sequenciais**, que não se caracterizam como cursos de graduação; a construção do saber está diretamente ligada a um campo específico, e não a uma habilitação profissional, e portanto não se capacita o estudante a exercer uma profissão. Os **cursos de graduação** são responsáveis pela formação profissional do estudante, que pode obter um diploma de tecnólogo, bacharel ou licenciado. Os **cursos de pós-graduação** envolvem os programas de mestrado e doutorado (*stricto sensu*), bem como os cursos de especialização e aperfeiçoamento (*lato sensu*). Os **cursos de extensão** atendem tanto aos que já têm uma formação universitária quanto aos que ainda nem ingressaram no ensino superior. Esses cursos possibilitam ao estudante complementar seus conhecimentos em determinada área.
- **Educação especial**: deve ser ofertada de forma articulada, na própria rede regular de ensino e de serviços especializados, aos estudantes com deficiência, transtornos globais do desenvolvimento e altas habilidades ou superdotação.

A educação, hoje, ocupa um lugar muito importante na organização das políticas setoriais. A constituição desse direito apresenta variadas especificações, que viabilizam sua exigibilidade. Entre elas, destacamos os seguintes aspectos:

- **Universalidade do acesso e permanência na escola**: significa garantir a todos o direito à matrícula na escola, sem discriminação de qualquer natureza, assegurando-se também o direito à permanência estudantil. É proibida, portanto, a recusa da escola em admitir um aluno portador de alguma deficiência ou doença, por exemplo, assim como a expulsão ou a transferência, de forma autoritária, de estudantes que sejam considerados "indisciplinados". Com isso, novas relações entre escola e aluno devem ser construídas, e o Serviço Social tem papel fundamental nesse percurso de trabalho interdisciplinar.

※ **Gratuidade e obrigatoriedade**: essas especificações estão expressas na Constituição Federal: "gratuidade do ensino público em estabelecimentos oficiais" (Brasil, 1988). Elas garantem **educação básica obrigatória e gratuita** às crianças e aos adolescentes na faixa etária dos 4 aos 17 anos e também determinam que o ensino deve ser ofertado gratuitamente a todos os que a ele não tiveram acesso nessa idade[4]. De acordo com essa perspectiva, a obrigatoriedade é composta por duas dimensões: a primeira consiste na **matrícula compulsória** de todos os que se encontram na faixa etária de 4 a 17 anos; a segunda diz respeito expressamente ao dever do Estado para com a oferta da educação básica. Ou seja, o Estado tem o dever de universalizar a oferta de vagas para todas as crianças e adolescentes que estejam na faixa etária inscrita na lei. A gratuidade, por sua vez, consiste na oferta de educação pública, de forma que não haja cobrança de qualquer tipo de mensalidade. O financiamento da educação pública é advindo dos impostos pagos pela população. A Lei de Diretrizes e Bases da Educação (LDBEN), em seu art. 68, a propósito, especifica as fontes dos recursos canalizados para a educação (Brasil, 1994): receita de impostos próprios da União, dos estados, do Distrito Federal e dos municípios; receitas de transferências constitucionais e outras; receita do salário-educação e de outras contribuições sociais; receita de incentivos fiscais; outros recursos previstos em lei. É importante saber que há uma vinculação obrigatória de recursos para a educação, garantida pela Constituição de 1988, a qual determina que a União deve investir 18% nessa área e que os estados, o Distrito Federal e os municípios devem a ela destinar 25% do total de suas receitas.

---

4 Redação dada pela Emenda Constitucional n. 59, de 11 de novembro de 2009 (Brasil, 2009a).

- **Proximidade à residência**: o ECA assegura o direito do aluno de estudar em uma escola pública próxima à sua residência. É uma segurança que somente com a Lei n. 11.700, de 13 de junho de 2008 (Brasil, 2008), passa a fazer parte da LDBEN, porém com redação diferente. O texto do ECA, em seu art. 53, inciso V, protege o direito à oferta de escola pública próxima da residência a toda criança e adolescente. Em contrapartida, a LDBEN minimiza o referido direito quando apresenta como garantia a oferta de "vaga na escola pública de educação infantil ou de ensino fundamental mais próxima de sua residência a toda criança a partir do dia em que completar 4 (quatro) anos de idade" (Brasil, 1996). Com isso, a exigibilidade de tal direito torna-se frágil, uma vez que as normas não especificam o entendimento sobre o que seja essa proximidade.
- **Qualidade na oferta**: a oferta de educação com qualidade é um princípio contido tanto na Constituição Federal (art. 206, VII) quanto na LDBEN. Quando esta, em seu art. 4º, apresenta o dever do Estado para com a educação pública escolar, especifica, no inciso IX, que o direito à educação será efetivado mediante "padrões mínimos de qualidade de ensino, definidos como a variedade e quantidade mínimas, por aluno, de insumos indispensáveis ao desenvolvimento do processo de ensino-aprendizagem" (Brasil, 1996). O Plano Nacional de Educação – PNE (2014-2024), por sua vez, estipula o aumento nos investimentos em educação, que deverão atingir 10% do Produto Interno Bruto (PIB) ao final do plano, de modo a viabilizar a implementação do Custo Aluno Qualidade (CAQ).
- **Direito público subjetivo para o ensino obrigatório**: o texto constitucional define que "o acesso ao ensino obrigatório e gratuito é direito público subjetivo" (Brasil, 1988). O conceito de *direito público subjetivo* refere-se ao pertencimento do indivíduo a determinada sociedade e requer, para sua efetivação, que sejam estabelecidas normas jurídicas em defesa do interesse individual, de modo a permitir que se exija do Estado a efetivação de direitos (Duarte, 2004; Victor, 2011). Esse caráter jurídico possibilita que o indivíduo transforme uma norma que é geral e aplicável a todos em algo que ele possa exigir como seu.

Além do mais, o poder atribuído a essa modalidade de direito a transforma em instrumento de caráter jurídico, que viabiliza o controle da atuação do Estado (Duarte, 2004).

- **Educação infantil**: a Constituição Federal garante a titularidade do direito à educação infantil para as crianças de até 5 anos. Inicialmente, o art. 208, inciso IV, garantia "atendimento em creche e pré-escola às crianças de zero a seis anos de idade". Com a Emenda Constitucional n. 53, de 19 de dezembro de 2006 (Brasil, 2006a), esse texto passou a ter a seguinte redação: "educação infantil, em creche e pré-escola, às crianças até 5 (cinco) anos de idade". Dessa forma, as crianças de 6 anos passaram a ingressar no ensino fundamental. Observamos, assim, uma mudança no texto da lei, que substituiu o termo *atendimento* pela expressão *educação infantil*, caracterizando, assim, avanços no entendimento dessa etapa como integrante do processo educativo, e não mais sob uma perspectiva assistencialista. Cury (1998) destaca que anteriormente à Constituição de 1988 o direito à educação infantil era silenciado ou vinculado ao amparo e à assistência, e não tratado sob o prisma do direito à educação.

- **Atendimento educacional especializado aos portadores de deficiência, preferencialmente na rede regular de ensino**: essa garantia significa uma conquista dos movimentos sociais em prol da educação inclusiva, mais especificamente quanto ao atendimento da política pública educacional. A LDBEN, em seu art. 4º, inciso III, amplia o termo "portadores de deficiência", empregado até então, para "educandos com transtornos globais do desenvolvimento e altas habilidades ou superdotação, transversal a todos os níveis, etapas e modalidades, preferencialmente na rede regular de ensino"[5] (Brasil, 2013c). Nota-se, portanto, um avanço na ampliação da definição do público-alvo a ser incluído e, consequentemente, na viabilidade para se efetivar a lei. A Convenção da Guatemala (1999), promulgada no Brasil pelo Decreto n. 3.956, de 8 de outubro de 2001 (Brasil, 2001a), estabelece que essas pessoas são detentoras dos mesmos direitos

---

5 Redação dada pela Lei n. 12.796, de 4 de abril de 2013 (Brasil, 2013c).

humanos e liberdades fundamentais que todas as outras pessoas. Assim, os princípios fundamentais que estão integrados à ideia da educação inclusiva são: o direito público subjetivo à educação; o direito à igualdade de oportunidades, o que não significa prestar o mesmo atendimento educacional a todos, e sim atender às demandas de cada um de modo diferenciado, em função de características próprias; o direito à aprendizagem; e o direito à participação comunitária.

- **Acesso aos níveis mais elevados do ensino, segundo a capacidade de cada um**: a Constituição Federal estabelece, como dever do Estado, viabilizar o "acesso aos níveis mais elevados do ensino, da pesquisa e da criação artística, segundo a capacidade de cada um" (Brasil, 1988). Assim, o Estado cumpre seu papel de garantir (mas não a todos os cidadãos) o acesso ao bem social da educação e de possibilitar que "todos sejam recompensados e valorizados consoante os méritos próprios" (Crahay, 2000, p. 41). Ainda que a educação superior não seja dever do Estado para com todos, a legislação maior do país preconiza que essa etapa do ensino deve ser garantida segundo a capacidade de cada um. É nesse ponto que se encontra um campo fértil de debate a respeito do dever do Estado para com seus cidadãos de garantir o acesso à educação superior. Conforme Oliveira (2006), há implicações sociais em conceber-se a educação superior como um direito, pois o direito à educação, como destacamos, consiste na compulsoriedade e na gratuidade. Ou seja, para o autor, defender a ideia do direito à educação superior implicaria o cerceamento do direito que o indivíduo tem de escolher entre ingressar ou não em um curso superior, uma vez que nem todos os estudantes almejam cursar uma universidade (Souza, 2016).
- **Oferta de ensino noturno regular e adequado às condições do adolescente trabalhador**: o ECA especifica que a faixa etária que corresponde à caracterização do ser criança é de 0 a 12 anos incompletos e a que caracteriza o ser adolescente é dos 12 aos 18 anos incompletos. A mesma lei também dita que é direito do adolescente, a partir dos 14 anos de idade, a profissionalização e a proteção no trabalho. Segundo a Constituição Federal, em seu art. 7º, inciso XXXIII, é proibido o "trabalho noturno, perigoso

ou insalubre a menores de dezoito e de qualquer trabalho a menores de dezesseis anos, salvo na condição de aprendiz, a partir de quatorze anos" (Brasil, 1988). Essa necessidade de compatibilizar o exercício de um trabalho com a frequência aos bancos escolares decorre do ingresso do adolescente nas esferas produtivas. Assim, o atendimento do sistema educacional, por meio da oferta de ensino noturno, ao adolescente trabalhador propicia que ele tenha as mesmas oportunidades educacionais que as de qualquer outro adolescente que não desenvolva atividade remunerada.

※ **Programas suplementares de material didático-escolar, transporte, alimentação e assistência à saúde**: o não atendimento dessa especificação pode acarretar consequências negativas quanto às condições de acesso e à permanência dos alunos na escola. A omissão da oferta desses programas ou sua oferta irregular na educação básica constitui crime de responsabilidade da autoridade competente. Trata-se de ações que vão além da simples oferta de ensino público e gratuito, porém são essenciais para a minimização dos inúmeros problemas que os estudantes e suas famílias enfrentam no cotidiano.

Não obstante a importância conferida à educação nas políticas setoriais e apesar de o Brasil ter uma legislação educacional que contempla vários fundamentos e princípios do direito à escolaridade, a organização desse setor torna-se dificultosa diante da presença de realidades sociais e regionais tão diferentes. Isso, aliado à tendência de descontinuidade dos programas em andamento, faz com que o cumprimento desse direito da população ainda não tenha se efetivado em sua totalidade em todo o território nacional, existindo uma lacuna entre a garantia constitucional e sua efetivação na prática. Assim mesmo,

> a ligação entre o direito à educação escolar e a democracia terá a legislação como um de seus suportes e invocará o Estado como provedor desse bem, seja para garantir a igualdade de oportunidades, seja para, uma vez mantido esse objetivo, intervir no domínio das desigualdades, que nascem do conflito da distribuição capitalista da riqueza, e progressivamente reduzir as desigualdades. (Cury, 2002, p. 249)

Ainda segundo Cury (2002, p. 249), a efetivação do direito à educação se tornará mais concreta quando houver a junção entre os princípios da **obrigatoriedade** e da **gratuidade**: a obrigatoriedade como um "modo de sobrepor uma função social relevante e imprescindível de uma democracia a um direito civil" e a gratuidade como uma moeda de troca para a obrigatoriedade que cabe ao cidadão, pois, do contrário, a indispensabilidade do direito à educação seria apenas um compromisso para o indivíduo, descaracterizando-a como um direito social.

Por conseguinte, a gratuidade e a obrigatoriedade como especificações do direito à educação, imbricadas gradualmente no processo de organização e reorganização da política social educacional, estão a todo tempo relacionadas com os princípios de cidadania e justiça social, que abordamos no Capítulo 1. Marshall (1967, p. 73) afirma que "o direito à educação é um direito social de cidadania". Além disso, complementa que "a educação é um pré-requisito necessário da liberdade civil" (p. 73), ou seja, a universalização da educação é uma das formas que o indivíduo tem para acessar o conjunto de bens sociais, emancipando-se das amarras da ignorância.

Mas não se trata de qualquer educação, e sim de uma educação emancipadora, que possibilite aos indivíduos sociais o desenvolvimento de suas potencialidades e capacidades e que dê um novo sentido à noção de cidadania direcionada pelo capitalismo: uma cidadania fundada na igualdade das relações entre o capital e o trabalho, que em sua gênese são contraditórias:

> A educação, na perspectiva capitalista, é uma das formas de se assegurar a sociabilidade necessária à reprodução do próprio capital. Uma educação que conforma sentidos, valores e comportamentos em uma dimensão também desumanizadora. Pensar a educação nos marcos da sociedade capitalista requer seu sentido hegemônico e as possibilidades de resistência e de constituição de outras formas de sociabilidade. (Almeida; Alencar, 2012, p. 94)

Assim, faz-se necessário ampliar e consolidar direitos sociais, numa perspectiva de conquista de políticas sociais de Estado. Para entendermos a concepção que envolve a política social da educação, precisamos identificar como ocorreu sua organização e suas particularidades na garantia de direitos sociais.

O art. 214 da Constituição Federal estabelece que deve haver um plano nacional de educação, com duração decenal, cujo objetivo é o de "articular o sistema nacional de educação em regime de colaboração e definir diretrizes, objetivos, metas e estratégias de implementação para assegurar a manutenção e desenvolvimento do ensino em seus diversos níveis, etapas e modalidades"[6] (Brasil, 1988).

O atual PNE (2014-2024) foi construído por meio da mobilização e da participação de diversos segmentos da sociedade civil, de agentes públicos, entidades de classe, profissionais da educação e estudantes na Conferência Nacional de Educação (Conae), em 2010. Com o tema "Construindo o Sistema Nacional Articulado de Educação: Plano Nacional de Educação, diretrizes e estratégias de ação", o Conae constituiu-se em um espaço democrático de discussão sobre a política social de educação, desencadeando a construção de um projeto e de um sistema nacional de educação, como política de Estado, ou seja, uma política financiada exclusivamente por recursos públicos, que não perca sua continuidade e que não seja transferida ou terceirizada.

O PNE (2014-2024) foi aprovado pela Lei n. 13.005, de 25 de junho de 2014 (Brasil, 2014a), e conta com 20 metas reunidas em quatro grupos principais, conforme o foco de atuação:

- Metas para a garantia do direito à educação básica com qualidade (Metas 1, 2, 3, 5, 6, 7, 9, 10 e 11);
- Metas para a redução das desigualdades e a valorização da diversidade (Metas 4 e 8);
- Metas para a valorização dos profissionais da educação (Metas 15, 16, 17 e 18);
- Metas voltadas ao ensino superior (Metas 12, 13 e 14);
- Metas referente à gestão democrática e ao financiamento público (Metas 19 e 20).

----

6 Redação dada pela Emenda Constitucional n. 59/2009.

Como é possível notar, o conteúdo dos objetivos a serem alcançados com as metas do PNE abrange as diversas situações decorrentes da desigualdade educacional: a urgência em erradicar o analfabetismo; a necessidade de ampliar o acesso à educação e de garantir sua qualidade; a premência de implantar a universalização desde a educação infantil até a educação escolar da população com até 17 anos de idade; o empenho em elevar a escolaridade média, assim como a educação profissional e a superior; a responsabilidade de valorizar os profissionais da educação; a busca por uma gestão democrática e pelo financiamento da educação.

Quanto ao Sistema Nacional de Educação (SNE)[7], previsto pela nova redação do art. 214 da Constituição Federal, cabe a ele articular os sistemas de ensino para, em regime de colaboração, viabilizar as estratégias, diretrizes e metas do PNE. Para Romualdo Portela[8] (citado por Kesley, 2016), "a criação do SNE traria, em primeiro lugar, a possibilidade de uma unificação de normas que vão favorecer o ataque sistemático à desigualdade regional, um problema sério na educação brasileira".

O SNE toma como base a Constituição Federal, mais especificamente os princípios de cooperação entre os entes federativos (art. 23) e o regime de colaboração entre os sistemas de ensino (art. 211), assim como as garantias ao direito à educação conferidas pela Emenda Constitucional n. 59/2009, "com a intenção de dar-lhe consistência no processo de implementação do Plano Nacional de Educação (2014-2014)" (Farenzena; Luce, 2015, p. 441).

Como ficou evidenciado, a política educacional tem uma organização complexa, por níveis e modalidades de ensino, e é constantemente aprimorada. Nesse sentido, a inserção do profissional de Serviço Social nessa política setorial tem grande relevância, uma vez que toma como objeto de trabalho as expressões da "questão

---

7 O SNE ainda não foi instituído por lei, pois está em processo de tramitação na Câmara dos Deputados.

8 Especialista em Educação que integrou a comissão encarregada de elaborar a primeira versão do documento base posteriormente proposto pela Secretaria de Articulação com os Sistemas de Ensino (Sase), do Ministério da Educação (MEC).

social" e intervém numa perspectiva pautada por seu projeto ético-político vinculado a um projeto societário mais justo e igualitário. Os princípios fundamentais contidos em seu código reafirmam o compromisso desse profissional com as classes subalternas e a ampliação e consolidação dos direitos sociais emanados da lei (CFESS, 2012).

A inserção do assistente social na política setorial de educação vem sendo construída no dia a dia de trabalho desse profissional, seja por intermédio de grupos organizados em classes ou de grupos de pesquisa e extensão, seja por meio de profissionais que atuam em instituições educacionais. A implementação de uma política de Estado encontra-se na pauta de reivindicações dos assistentes sociais que lutam por uma educação pública, gratuita, laica e de qualidade e orientam suas ações pelo Código de Ética Profissional (CEP) de 1993 (CFESS; Cress, 2012), pela Lei de Regulamentação da Profissão – Lei n. 8.662, de 7 de junho de 1993 (Brasil, 1993a), bem como pelas Diretrizes Curriculares da Associação Brasileira de Ensino e Pesquisa em Serviço Social (Abepss) propostas em 1996.

No próxima seção, trataremos do trabalho do assistente social na política de educação.

Questões para reflexão

1. **Pesquise, na Constituição Federal de 1988, as determinações que se referem ao direito à educação.**

   Dica: lembre-se de que o direito à educação está previsto na Carta Magna juntamente com outros direitos, como saúde, alimentação, trabalho, moradia.

2. **Explique, com suas palavras, o que você entendeu a respeito de uma das especificações do direito à educação.**

   Dica: lembre-se de que tais especificações estão contidas na Constituição Federal de 1988.

2.3 O Serviço Social na política de educação

No Brasil, a inserção do assistente social na área da educação tem sua origem com as primeiras escolas de Serviço Social, ainda na década de 1930. Desde que surgiu como profissão, o Serviço Social atua por meio de processos educativos numa perspectiva de ajuste do indivíduo ao meio social, "voltada para o exercício de um controle social sobre a família proletária e em relação aos processos de socialização e educação na classe trabalhadora durante o ciclo de expansão capitalista experimentado no período varguista" (Almeida, 2007, p. 13).

A partir da década de 1990, com a consolidação de seu projeto ético-político e a consequente mudança de paradigmas, o Serviço Social ampliou fortemente sua inserção na política de educação, quando os debates e reflexões a respeito de sua atuação começaram a ganhar destaque. Assim, a atuação do assistente social na política educacional ocorreu conforme os níveis e modalidades de educação constantes na LDBEN, descritos na seção anterior. A inserção desses profissionais pode ocorrer em todas as esferas de governo (federal, estadual e municipal), bem como em instituições de ensino privadas, organizações não governamentais etc.

Diante desse contexto, é importante conhecer um pouco da construção histórica e política do Serviço Social na educação, encabeçada pelo conjunto Conselho Federal de Serviço Social (CFESS)/Conselho Regional de Serviço Social (Cress), cujas ações fizeram parte da agenda de lutas da categoria a partir do ano de 2000, apontando sempre na direção da defesa da educação como um direito social de cidadania, em consonância com os princípios e normas previstos em lei.

Um dos documentos que ganharam destaque na defesa da inserção do Serviço Social na educação foi o Parecer Jurídico n. 23, de 22 de outubro de 2000 (CFESS, 2001), elaborado por Sylvia Terra assessora jurídica do CFESS. O documento trata da implantação do Serviço Social nas escolas públicas de ensino fundamental e médio e enfatiza com base nas competências e atribuições privativas do assistente social, a importância da presença desses profissionais nas escolas como forma de garantir a "continuidade dos estudos e a permanência da criança e do adolescente nas escolas públicas" (CFESS, 2001, p. 21).

Para que seja possível entender o papel do assistente social na política setorial de educação, é importante primeiramente identificar as competências e atribuições privativas desse profissional conforme a legislação que regulamenta a profissão. Iamamoto (2002, p. 37) diferencia **competências** de **atribuições**, considerando que as primeiras "expressam capacidade para apreciar ou dar resolutividade a determinado assunto, não sendo exclusivas de uma única especialidade profissional, mas a ela concernentes em função da capacitação dos sujeitos profissionais" e as segundas se referem "às funções privativas do assistente social, isto é, suas prerrogativas exclusivas".

Feito esse esclarecimento, são de competência do assistente social:

> Art. 4º [...]
>
> I – elaborar, implementar, executar e avaliar políticas sociais junto a órgãos da administração pública, direta ou indireta, empresas, entidades e organizações populares;
>
> II – elaborar, coordenar, executar e avaliar planos, programas e projetos que sejam do âmbito de atuação do Serviço Social com participação da sociedade civil;
>
> III – encaminhar providências, e prestar orientação social a indivíduos, grupos e à população;
>
> [...]
>
> V – orientar indivíduos e grupos de diferentes segmentos sociais no sentido de identificar recursos e de fazer uso dos mesmos no atendimento e na defesa de seus direitos;
>
> VI – planejar, organizar e administrar benefícios e Serviços Sociais;
>
> VII – planejar, executar e avaliar pesquisas que possam contribuir para a análise da realidade social e para subsidiar ações profissionais;

VIII – prestar assessoria e consultoria a órgãos da administração pública direta e indireta, empresas privadas e outras entidades, com relação às matérias relacionadas no inciso II deste artigo;

IX – prestar assessoria e apoio aos movimentos sociais em matéria relacionada às políticas sociais, no exercício e na defesa dos direitos civis, políticos e sociais da coletividade;

X – planejamento, organização e administração de Serviços Sociais e de Unidade de Serviço Social;

XI – realizar estudos socioeconômicos com os usuários para fins de benefícios e serviços sociais junto a órgãos da administração pública direta e indireta, empresas privadas e outras entidades (Brasil, 1993a).

Essas competências; previstas na lei de regulamentação profissional do assistente social, remetem a ações desenvolvidas nos diversos espaços de trabalho em que esses profissionais estão inseridos e, apesar de exigirem capacidade técnico-operativa, não são atribuições privativas do assistente social. As prerrogativas exclusivas, que configuram a identidade profissional, estão listadas no art. 5º da mesma lei:

Art. 5º [...]

I – coordenar, elaborar, executar, supervisionar e avaliar estudos, pesquisas, planos, programas e projetos na área de Serviço Social;

II – planejar, organizar e administrar programas e projetos em Unidade de Serviço Social;

III – assessoria e consultoria e órgãos da Administração Pública direta e indireta, empresas privadas e outras entidades, em matéria de Serviço Social;

IV – realizar vistorias, perícias técnicas, laudos periciais, informações e pareceres sobre a matéria de Serviço Social;

V – assumir, no magistério de Serviço Social tanto a nível de graduação como pós-graduação, disciplinas e funções que exijam conhecimentos próprios e adquiridos em curso de formação regular;

VI – treinamento, avaliação e supervisão direta de estagiários de Serviço Social;

VII – dirigir e coordenar Unidades de Ensino e Cursos de Serviço Social, de graduação e pós-graduação;

VIII – dirigir e coordenar associações, núcleos, centros de estudo e de pesquisa em Serviço Social;

IX – elaborar provas, presidir e compor bancas de exames e comissões julgadoras de concursos ou outras formas de seleção para Assistentes Sociais, ou onde sejam aferidos conhecimentos inerentes ao Serviço Social;

X – coordenar seminários, encontros, congressos e eventos assemelhados sobre assuntos de Serviço Social;

XI – fiscalizar o exercício profissional através dos Conselhos Federal e Regionais;

XII – dirigir serviços técnicos de Serviço Social em entidades públicas ou privadas;

XIII – ocupar cargos e funções de direção e fiscalização da gestão financeira em órgãos e entidades representativas da categoria profissional. (Brasil, 1993a)

Vale lembrar que o conjunto de normas que dispõem sobre o exercício profissional do assistente social nos diversos espaços sócio-ocupacionais não se resume apenas à Lei de Regulamentação da Profissão (Lei n. 8.662/1993). Existe ainda o Código de Ética Profissional, de 1993, bem como as Diretrizes Curriculares da Abepss, de 1996. O Parecer Jurídico n. 23/2000, a que nos referimos anteriormente, foi importante também por ressaltar quais são as especificidades da atuação do assistente social na área de educação:

- Pesquisa de natureza socioeconômica e familiar para caracterização da população escolar;
- Elaboração e execução de programas de orientação sociofamiliar visando prevenir a evasão escolar e melhorar o desempenho e rendimento do aluno e sua formação para o exercício da cidadania;
- Participação, em equipe multidisciplinar, da elaboração de programas que visem prevenir a violência, o uso de drogas e o alcoolismo, bem como que visem prestar esclarecimentos e informações sobre doenças infectocontagiosas e demais questões de saúde pública;

- Articulação com instituições públicas, privadas, assistenciais e organizações comunitárias locais, com vistas ao encaminhamento de pais e alunos para atendimento de suas necessidades;
- Realização de visitas sociais com o objetivo de ampliar o conhecimento acerca da realidade sociofamiliar do aluno, de forma a possibilitar assisti-lo e encaminhá-lo adequadamente;
- Elaboração e desenvolvimento de programas específicos nas escolas onde existam classes especiais;
- Empreender e executar as demais atividades pertinentes ao Serviço Social, previstas pelos artigos 4º e 5º da Lei 8662/93, não especificadas acima. (CFESS, 2001, p. 29-30)

O referido parecer foi elaborado, portanto, para demonstrar que a inserção do profissional de Serviço Social na educação dispõe de viabilidade jurídica e legal e que essa inserção se faz necessária, tendo em vista que as expressões da "questão social", tidas como objeto de trabalho do profissional, refletem-se diretamente na constituição dessa política setorial, impondo, portanto, novas demandas de trabalho à categoria que, por sua vez, tomam a política educacional como uma bandeira de luta pela construção de uma sociedade livre, justa e igualitária.

Mas onde e como atuam os assistentes sociais inseridos na política setorial de educação?

No espaço sócio-ocupacional aqui em discussão, os assistentes sociais implementam a política de educação, atuando em instituições que ofertam diferentes níveis e modalidades de ensino, conforme destacamos anteriormente: básica, profissional, superior e especial. Esses profissionais atuam com planos, programas e projetos direcionados aos seguintes aspectos:

- assistência estudantil;
- políticas afirmativas;
- concessão de bolsas, quando da esfera privada;
- evasão escolar;
- prevenção ao uso de drogas;
- rendimento acadêmico insatisfatório;
- violência;
- garantia da gestão democrática;
- recursos humanos.

Em suma, nas últimas décadas, os assistentes sociais inseridos na política de educação vêm sendo muito requisitados pelas instituições para atuarem na gestão escolar, em programas destinados à ampliação do acesso à educação e da permanência dos estudantes na escola, reforçando, assim, os preceitos ético-políticos do Serviço Social e sua luta sistemática pela garantia desse direito social que é a educação pública.

Nada obstante, é importante ressaltar que o campo da educação é uma ampla área de trabalho e, por isso, a atuação do assistente social não se restringe apenas às demandas individuais dos estudantes; ela abrange também ações junto às famílias desses indivíduos, bem como aos outros atores sociais da política, tais como trabalhadores da educação, movimentos sociais, conselhos de educação e comunidade em geral.

Mesmo sendo conhecido que os problemas sociais que afetam o cotidiano de vida dos usuários da política educacional têm raízes advindas da relação contraditória entre o capital e o trabalho e do consequente padrão de acumulação de capital, a atuação profissional do assistente social ocorre no sentido de garantir a inclusão social, o acesso dos usuários aos direitos sociais e às condições mínimas para o efetivo exercício da cidadania.

> Trata-se do reconhecimento da educação como terreno de formação dos sujeitos e do posicionamento em favor da garantia dos direitos dos/as usuários/as, da socialização das informações com aqueles/as que compartilham do espaço da educação e do fortalecimento do espaço da escola como lugar de exercício da democracia, do respeito à diversidade e de ampliação da cidadania. (CFESS; CRESS, 2012, p. 58)

Ainda assim, é fundamental que não se perca o significado político da construção histórica do Serviço Social na educação; é preciso, ao contrário, correlatá-lo aos processos políticos que a integram sob a égide do capital e sua lógica da mercadoria. Almeida (2007) destaca esses processos, relacionando a educação escolarizada com as transformações no mundo do trabalho. Esse autor aponta, a título de ilustração, que, ao longo dos anos 1990, concomitantemente à constatação de uma significativa diminuição das vagas de trabalho e ao reconhecimento desse fenômeno como parte integrante do capitalismo – e não como algo ocasional e pontual –, também se verificou a expansão do ensino superior privado no país.

Portanto, é fundamental perceber que todo processo educativo tem uma função política, alinhada algumas vezes à contradição inerente à relação entre capital e trabalho e outras à atuação do Estado – por exemplo, quando este se utiliza de estratégias de renúncia fiscal para beneficiar a expansão do setor educacional, transformando, assim, essa atividade em mercadoria.

E como se posiciona o Serviço Social diante da contradição entre capital e trabalho e seus reflexos na política educacional?

É imprescindível compreender que a prática profissional é dotada de uma dimensão política e que é esta que confere àquele que a exerce – ou seja, o assistente social – condições de "olhar para mais longe, para o horizonte do movimento das classes sociais e suas relações nos quadros do Estado e da sociedade nacional" (Iamamoto, 2007, p. 120), ou seja, de atuar com vistas à contextualização da dinâmica educacional, que ora se apresenta como expressão da dominação e do controle do capital, ora se torna objeto de luta da classe trabalhadora.

Essa discussão acerca da dimensão política da prática de trabalho do assistente social na área da educação é pertinente e objetiva conceber alternativas que considerem as peculiaridades da profissão inserida na dinâmica de contrarreforma do Estado, que, tendo sua lógica mercantilizada, acaba por fazer refletir nas políticas públicas (e, consequentemente, nas políticas educacionais) os valores inerentes à produção da mercadoria.

Os desafios que a política de educação oferece ao Serviço Social são muitos. Mesmo garantido em lei, o direito social à educação ainda não foi universalizado; por isso, o trabalho do profissional dessa área é estimulante. A realidade brasileira confirma a importância e a necessidade da inserção do assistente social nas escolas públicas, trabalhando com as demandas oriundas das expressões da "questão social" numa perspectiva interdisciplinar, de modo a corresponder aos princípios fundamentais do código de Ética Profissional. Embora seja necessário reconhecer os limites impostos pelo sistema capitalista de produção, é preciso enfrentá-los, buscando compreender a educação para além do capital.

> **Questões para reflexão**
>
> 1. **Descreva pelo menos três competências e três atribuições privativas do assistente social e reflita sobre suas implicações para a atuação profissional, segundo a Lei de Regulamentação da Profissão – Lei n. 8.662/1993.**
> **Dica**: lembre-se da diferenciação que Iamamoto (2002) propõe entre competências e atribuições.
>
> 2. **Reflita sobre a importância de pelo menos três especificidades da atuação do assistente social na área de educação, segundo o Parecer Jurídico n. 23/2000 do CFESS.**
> **Dica**: lembre-se de que esse documento foi elaborado pela assessora jurídica do CFESS e ganhou destaque pela defesa da inserção do Serviço Social na educação.

Síntese

Neste capítulo, destacamos que os direitos da criança e do adolescente integram o conjunto dos direitos humanos, regidos por tratados internacionais que asseguram sua proteção integral. No Brasil, a Constituição Federal de 1988 abriu caminho para a conquista de políticas dirigidas à área da criança e do adolescente.

Apresentamos um resumo dos direitos da criança, conforme descritos pela Convenção Internacional da ONU de 1989, e o ECA, com seu conjunto de princípios e diretrizes que garantem os direitos de crianças e jovens brasileiros. Em substituição ao defasado e criticado Código de Menores de 1979, o ECA deu novo tratamento ao público a que se destina, considerando seus integrantes como sujeitos de direito, e não como pessoas em "situação irregular".

Examinamos, ainda, dois sistemas que tratam dos direitos das crianças e dos adolescentes: Sinase e o SGDCA. O primeiro se refere às condições que devem ser oferecidas aos adolescentes que cumprem medidas socioeducativas. O segundo diz respeito à promoção, à defesa e ao controle da efetivação dos direitos de crianças e adolescentes.

Mostramos que as especificações do direito à educação têm localização privilegiada na Constituição Federal. Também esclarecemos que a LDBEN delimita a organização dos níveis e das modalidades da educação no país em: educação básica, educação profissional, educação superior e educação especial, em suas variadas especificações. Também abordamos o conteúdo relativo às metas e aos objetivos educacionais a serem alcançados conforme o atual PNE (2014-2024).

Quanto à especificidade da profissão de assistente social, discutimos sobre sua inserção na política educacional, refletindo sobre as orientações do CFESS a respeito das atribuições desse profissional. Por fim, apontamos os diversos espaços sócio-ocupacionais de atuação dos assistentes sociais na política educacional, bem como os desafios que eles enfrentam para consolidar sua permanência nesse campo.

Para saber mais

BRASIL. Decreto n. 99.710, de 21 de novembro de 1990. **Diário Oficial da União**, Poder Executivo, Brasília, DF, 22 nov. 1990. Disponível em: <http://www.planalto.gov.br/ccivil_03/decreto/1990-1994/d99710.htm>. Acesso em: 1º abr. 2017.

Essa normativa legal foi aprovada pelo Congresso Nacional brasileiro e está de acordo com a Convenção Internacional da ONU que ocorreu em 1989. Esse documento indica o reconhecimento de que as crianças merecem atenção especial e tem como princípios basilares a justiça, a paz, a dignidade, a tolerância, a liberdade, a igualdade e a solidariedade, os quais subsidiam a construção de políticas públicas dirigidas a esse grupo.

CFESS – Conselho Federal de Serviço Social; CRESS – Conselho Regional de Serviço Social. **Subsídios para a atuação de assistentes sociais na política de educação**. Brasília: CFESS, 2012. (Série Trabalho e Projeto Profissional nas Políticas Sociais, v. 3). Disponível em: <http://www.cfess.org.br/arquivos/BROCHURACFESS_SUBSIDIOS-AS-EDUCACAO.pdf>. Acesso em: 26 jun. 2017.

O conjunto CFESS/Cress tem debatido, por meio do Grupo de Trabalho do Serviço Social na Educação, sobre a atuação do assistente social na política de educação e, com base em tal discussão, tem elaborado documentos e textos para subsidiar essa prática. O material referenciado é a produção mais recente do grupo, na qual se discorre sobre o processo de luta dos profissionais nesse campo, justificando a importância dos que atuam na área em questão.

DUBET, F. O que é uma escola justa? **Cadernos de Pesquisa**, São Paulo, v. 34, n. 123, p.539-555, set./dez. 2004. Disponível em: <http://www.scielo.br/pdf/cp/v34n123/a02v34123.pdf>. Acesso em: 26 jun. 2017.

Esse artigo trata dos mecanismos de igualdade e justiça escolar e dos desafios enfrentados na busca por uma solução para a democratização da educação pela via das políticas públicas. O autor discute a igualdade de oportunidades e seus limites, o ideal democrático da justiça distributiva na perspectiva da construção de uma escola justa e eficaz, que saiba tratar os vencidos, preservando sua dignidade e sua cidadania.

Questões para revisão

1. A respeito do Estatuto da Criança e do Adolescente – ECA (Lei n. 8.069, de 13 de julho de 1990), assinale a alternativa correta:
    a) Institui a doutrina da "proteção integral", contrapondo-se ao defasado modelo da doutrina da "situação irregular", do Código de Menores de 1979.

b) Considera como criança o indivíduo de até 14 anos incompletos e como adolescente aquele entre 14 e 18 anos.
c) O ECA é alvo de críticas por parte dos movimentos sociais, pois define as crianças e os adolescentes como sujeitos de direito, e não de deveres, mantendo o tratamento de repressão e controle instituído pelo código anterior.
d) Na aplicação das medidas socioeducativas, o ECA orienta que o trabalho seja realizado sob a perspectiva repressiva, promovendo a inserção do adolescente em seu meio.

2. "A inserção dos assistentes sociais na educação não pode ser considerada como fenômeno recente, visto que se trata de um campo de atuação com o qual o Serviço Social se relaciona desde a sua profissionalização" (Almeida; Alencar, 2012, p. 166).

Com relação à atuação do Serviço Social na política educacional, considere as seguintes afirmativas:

I) A partir dos anos 1990, com a consolidação de seu projeto ético-político e a consequente mudança de paradigmas, o Serviço Social amplia fortemente sua inserção na política de educação.
II) A inserção do assistente social na política de educação pode ocorrer em todas as esferas de governo (federal, estadual e municipal), bem como em instituições de ensino privadas, organizações não governamentais etc.
III) O Parecer Jurídico n. 23/2000, elaborado por Sylvia Terra, assessora jurídica do Conselho Federal de Serviço Social (CFESS), demonstrou que não existe viabilidade jurídica e legal para a inserção do profissional de Serviço Social na educação, pois não há margem para o financiamento da contratação desses profissionais.
IV) O campo da política educacional é uma área de atuação do assistente social muito restrita às demandas individuais dos estudantes, não contemplando os vínculos familiares.

Estão corretas as afirmativas
a) I e II.
b) I e III.

c) III e IV.
d) I e IV.

3. Na política de educação, o assistente social está inserido nos mais variados espaços sócio-ocupacionais. Assinale a alternativa que **não** corresponde aos espaços de trabalho em que esse profissional desenvolve suas práticas:
   a) Assistência estudantil.
   b) Prevenção ao uso de drogas.
   c) Violência.
   d) Política partidária.

4. Quais são os três eixos estratégicos estruturantes do Sistema de Garantia de Direitos da Criança e do Adolescente (SGDCA)?

5. Elenque os níveis e modalidades de educação e ensino dispostos pela Lei de Diretrizes e Bases da Educação Nacional (LDBEN).

CAPÍTULO 3

Políticas setoriais para as áreas do idoso e da pessoa com deficiência

Conteúdos do capítulo:
- Processo de envelhecimento populacional brasileiro.
- Direitos da pessoa idosa.
- Área de atendimento ao idoso.
- Direitos da pessoa com deficiência.
- Conceito de *pessoa com deficiência*.
- Termos utilizados para fazer referência às pessoas com deficiência no Brasil.
- Marcos legais.
- Atuação do Serviço Social nas políticas do idoso e da pessoa com deficiência.

Após o estudo deste capítulo, você será capaz de:
1. discutir o processo de envelhecimento populacional;
2. reconhecer os direitos do idoso e da pessoa com deficiência;
3. opinar sobre o conceito utilizado para definir a pessoa com deficiência;
4. entender a modificação dos termos utilizados em referência à pessoa com deficiência;
5. relacionar a atuação do Serviço Social com as políticas setoriais do idoso e da pessoa com deficiência.

O objetivo geral deste capítulo é apresentar as políticas setoriais para as áreas do idoso e da pessoa com deficiência, com vistas à garantia dos direitos de cidadania previstos pela Constituição Federal de 1988 e, posteriormente, pelas leis e decretos específicos de cada área. Primeiramente, examinaremos as mudanças demográficas que vêm ocorrendo na sociedade brasileira, mais especificamente no que diz respeito ao perfil etário da população, que está mais envelhecida, e analisaremos também as projeções desse perfil para os próximos anos.

Também abordaremos a importância de estabelecer relações entre o Serviço Social e as políticas setoriais nas áreas do idoso e da pessoa com deficiência, tendo em vista a atuação do assistente social nos diversos espaços sócio-ocupacionais presentes nas esferas pública e privada que prestam atendimento a esses sujeitos de direitos.

3.1 O processo de envelhecimento da população e suas implicações na concepção de *cidadania do idoso*

O Brasil está envelhecendo. Esta é a conclusão dos últimos estudos desenvolvidos pelo Instituto Brasileiro de Geografia e Estatística (IBGE). Segundo esse órgão de pesquisa, o país encontra-se entre o "grupo de países que experimentou uma transição demográfica acelerada, principalmente devido à queda acentuada dos níveis de fecundidade" (Ervatti; Borges; Jardim, 2015, p. 141). Segundo dados do Censo Demográfico do IBGE de 1991, o Brasil tinha uma população total de aproximadamente 146,9 milhões de brasileiros residentes no país e taxa de crescimento populacional de 1,6% ao ano. O Gráfico 3.1 demonstra como era a estrutura da pirâmide etária brasileira na década de 1990.

Gráfico 3.1 – Pirâmide etária brasileira – 1991

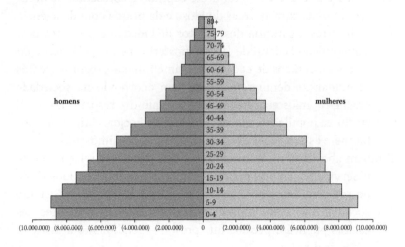

Fonte: Elaborado com base em IBGE, 2008.

O gráfico em forma de pirâmide apresenta uma análise da população do país, distribuindo-a por faixa de idade e sexo. Com o desenvolvimento natural de uma nação, principalmente com a diminuição das taxas de natalidade e mortalidade, o formato da pirâmide vai se modificando, até chegar ao patamar de não mais fazer jus a essa denominação, por conta da tendência contínua ao envelhecimento populacional. Os Gráficos 3.2 e 3.3 representam, as pirâmides etárias brasileiras referentes aos anos 2000 e 2030 (projeção), que já revelam mudanças visíveis no perfil da população brasileira.

Gráfico 3.2 – Pirâmide etária brasileira – 2000

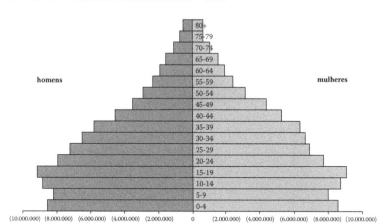

Fonte: Elaborado com base em IBGE, 2008.

Como podemos observar, houve, num período de 10 anos, certo achatamento da pirâmide, em virtude do consequente envelhecimento populacional. Segundo dados do Censo Demográfico de 2010, a população brasileira aumentou para aproximadamente 170 milhões de habitantes e a taxa de crescimento populacional na década caiu para cerca de 1,2% ao ano. O próximo gráfico apresenta uma projeção da transformação pela qual passará a sociedade brasileira no ano de 2030.

Gráfico 3.3 – Pirâmide etária brasileira – 2030

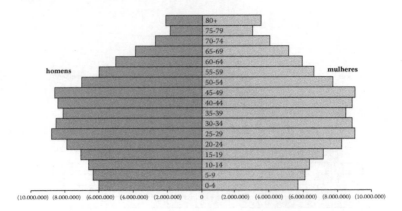

Fonte: Elaborado com base em IBGE, 2008.

Portanto, em 2030, haverá mais pessoas maiores de 60 anos que nas décadas anteriores. O número delas será maior que o dobro do observado no ano de 2010, ou seja, haverá aproximadamente 40,5 milhões de idosos no Brasil, enquanto a projeção de jovens é de 36,7 milhões. Em termos de população total, a projeção sugere que serão 216,4 milhões de brasileiros.

Ainda de acordo com o IBGE, até o ano de 2042, a população brasileira será de 228,4 milhões de pessoas, sendo que, a partir do ano seguinte, haverá uma diminuição gradativa desse número, até chegar a cerca de 218,2 milhões em 2060.

Portanto, a partir do ano de 2043, o Brasil sofrerá um novo fenômeno, o da redução populacional, que, conjugada com o processo de envelhecimento, provocará mudanças significativas na dinâmica que envolve a constituição etária da população. Ou seja, com o passar do tempo, haverá uma redistribuição na proporção de crianças, adultos e idosos. É importante atentar para o fato de que o envelhecimento populacional é resultado do aumento da expectativa de vida, bem como da queda na taxa de natalidade[1].

---

1 A taxa de natalidade refere-se ao número de pessoas que nascem por 1.000 habitantes, durante 1 ano (IBGE, 2010a).

Para esclarecemos melhor essa questão, vamos examinar alguns dados que o IBGE (2010a) fornece a respeito desse assunto. O Gráfico 3.4 demonstra que, no ano de 2009, a taxa de fecundidade[2] da mulher brasileira foi de 1,94 filho. Em 2010, essa taxa diminuiu para 1,76 filho, enquanto a projeção para o ano de 2030 é de 1,5 filho por mulher. Isso quer dizer que as taxas populacionais brasileiras encontram-se há alguns anos abaixo do nível de reposição[3].

Gráfico 3.4 – **Taxa de fecundidade – Brasil – 2009/2030**

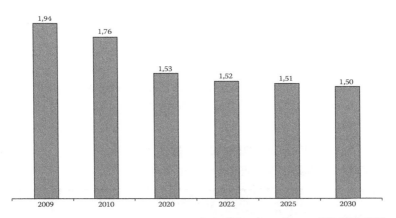

Fonte: Elaborado com base em IBGE, 2008, 2010b.

Podemos afirmar que os fatores que contribuíram para a mudança no comportamento reprodutivo das mulheres brasileiras estão diretamente ligados às transformações econômicas e culturais da sociedade, sobretudo o aumento da escolaridade da mulher, associado à sua inserção no mercado de trabalho, assim como o acesso aos métodos anticoncepcionais. Oliveira e O'Neill (2012)

---

2 A taxa de fertilidade refere-se ao número médio de filhos que uma mulher teria ao final de sua idade reprodutiva – 15 a 49 anos (IBGE, 2010a).

3 Segundo o IBGE (2008), o nível de reposição considerado na demografia é de 2,1 filhos/mulher. Numa sociedade em que as mulheres apresentem taxa de fecundidade inferior a esse número, o crescimento populacional será nulo.

ainda acrescentam que fatores como o ritmo acelerado de urbanização, a emergência de novos arranjos no processo de acumulação do capital, as modernas tecnologias, em especial nas áreas de telecomunicações e informação, e a ampliação do acesso ao sistema de saúde fizeram com que as mulheres decidissem ter menos filhos.

No que se refere ao aumento da expectativa de vida do brasileiro, o fato é que os idosos estão vivendo mais e a perspectiva nos próximos anos é a de que isso continue assim. Para esclarecermos por quê, vamos analisar a Tabela 3.1, que mostra a evolução histórica da expectativa de vida ao nascer da população brasileira, conforme o estado da Federação. Nos anos de 2000 e 2010, os estados que apresentavam maiores índices de expectativa de vida ao nascer eram o Rio Grande do Sul (72,4 anos) e Santa Catarina (76,9 anos), respectivamente. Por outro lado, os estados que apresentavam os menores índices eram Alagoas (64,3 anos) e Maranhão (68,7 anos), em 2000 e 2010, respectivamente.

Tabela 3.1 – Expectativa de vida ao nascer (anos), por sexo, conforme as unidades da Federação – 2000/2030

Unidades da Federação	2000 Total	2000 Homens	2000 Mulheres	2010 Total	2010 Homens	2010 Mulheres	2020 Total	2020 Homens	2020 Mulheres	2030 Total	2030 Homens	2030 Mulheres
Rondônia	67,8	64,8	71,6	70,1	67,0	73,8	72,1	69,0	75,7	73,8	70,7	77,2
Acre	66,4	63,4	70,1	71,7	68,5	75,4	75,1	71,9	78,6	77,0	73,9	80,3
Amazonas	67,3	64,7	70,3	70,4	67,3	73,8	72,8	69,5	76,5	74,7	71,3	78,4
Roraima	65,3	62,3	69,0	69,5	66,9	72,5	72,7	70,4	75,3	75,0	72,7	77,5
Pará	68,4	65,8	71,5	70,9	67,5	74,7	72,8	69,0	77,2	74,4	70,4	78,9
Amapá	68,0	64,2	72,5	72,1	69,2	75,4	74,9	72,4	77,5	76,6	74,2	79,1
Tocantins	67,6	64,9	70,7	71,6	68,7	74,9	74,4	71,4	77,7	76,2	73,3	79,5
Maranhão	65,3	61,8	69,4	68,7	65,1	72,8	71,7	68,0	75,6	74,0	70,4	77,8

(continua)

(Tabela 3.1 – conclusão)

| Unidades da Federação | Expectativa de vida ao nascer ||||||||||||
| | 2000 ||| 2010 ||| 2020 ||| 2030 |||
	Total	Homens	Mulheres	Total	Homens	Mulheres	Total	Homens	Mulheres	Total	Homens	Mulheres
Piauí	**67,9**	64,7	71,2	**69,9**	66,1	73,9	**71,8**	67,5	76,2	**73,4**	68,8	78,0
Ceará	**69,4**	65,8	73,3	**72,4**	68,5	76,4	**74,7**	70,8	78,7	**76,4**	72,5	80,2
Rio Grande do Norte	**70,2**	66,8	73,9	**74,1**	70,2	78,1	**76,6**	72,6	80,6	**78,0**	74,3	81,8
Paraíba	**67,1**	63,5	70,7	**71,2**	67,4	75,1	**74,4**	70,5	78,2	**76,5**	72,7	80,2
Pernambuco	**65,0**	60,2	70,1	**71,1**	66,8	75,5	**75,3**	71,5	78,9	**77,7**	74,3	80,9
Alagoas	**64,3**	60,3	68,5	**69,2**	64,6	74,0	**73,0**	68,3	77,8	**75,7**	71,1	80,1
Sergipe	**67,7**	64,0	71,6	**71,0**	66,9	75,2	**73,6**	69,4	77,9	**75,6**	71,5	79,8
Bahia	**68,7**	65,2	72,4	**71,9**	67,7	76,4	**74,4**	69,9	79,1	**76,1**	71,6	80,8
Minas Gerais	**71,8**	68,4	75,3	**75,5**	72,5	78,6	**78,2**	75,4	81,0	**80,0**	77,3	82,8
Espírito Santo	**70,4**	66,4	74,8	**75,9**	71,9	80,2	**79,3**	75,6	83,2	**81,2**	77,7	84,7
Rio de Janeiro	**70,0**	65,3	74,8	**74,2**	70,3	78,0	**77,3**	74,0	80,4	**79,4**	76,4	82,2
São Paulo	**71,4**	67,0	76,1	**76,1**	72,6	79,5	**79,1**	76,1	82,0	**80,9**	78,1	83,5
Paraná	**71,2**	68,2	74,5	**75,2**	71,9	78,6	**78,2**	74,8	81,7	**80,5**	77,1	83,9
Santa Catarina	**72,1**	68,7	75,7	**76,9**	73,6	80,4	**80,2**	77,0	83,5	**82,3**	79,1	85,4
Rio Grande do Sul	**72,4**	68,6	76,2	**76,0**	72,4	79,5	**78,8**	75,4	82,0	**80,8**	77,7	83,9
Mato Grosso do Sul	**70,2**	66,9	73,9	**73,8**	70,4	77,6	**76,5**	73,1	80,2	**78,5**	75,1	81,9
Mato Grosso	**69,5**	66,5	73,3	**72,6**	69,5	76,3	**75,2**	72,1	78,7	**77,2**	74,1	80,6
Goiás	**71,2**	68,4	74,3	**73,1**	70,1	76,4	**74,8**	71,7	78,2	**76,3**	73,1	79,8
Distrito Federal	**72,3**	68,5	76,1	**76,3**	72,5	79,9	**79,1**	75,4	82,4	**80,8**	77,3	83,9

Fonte: Adaptado de IBGE, 2008.

Quando olhamos para a projeção realizada pelo IBGE para os anos de 2020 e 2030, podemos nortar que as diferenças aumentam: o Estado de Santa Catarina ocuparia o primeiro lugar, com a expectativa de vida ao nascer de 80,2 e 82,3 anos, respectivamente. O Estado do Maranhão ocuparia o último lugar em 2020, com 71,7 anos, posição que, no ano de 2030, caberia ao Piauí, com 73,4%.

Essas transformações na sociedade brasileira, que têm como consequência o processo de envelhecimento da população, demandam que o governo lance novos olhares para a área de políticas públicas e tornam necessários a constituição, a ampliação e/ou o redimensionamento na oferta de vários serviços dirigidos ao atendimento à população idosa, que devem levar em consideração suas características e necessidades específicas.

Na próxima subseção, vamos analisar como se estruturaram, com base na Constituição Federal de 1988, os instrumentos legais de garantia de proteção social e de cidadania às pessoas idosas.

Questões para reflexão

1. Especifique e justifique a taxa de crescimento populacional no Brasil, segundo os Censos Demográficos de 1991 e 2010.
   Dica: lembre-se da pirâmide etária.

2. Os Censos Demográficos do IBGE de 2000 e 2010 revelam as expectativas de vida da população brasileira. Nesse contexto, há estados que apresentam maiores e menores índices de expectativas de vida. Comente as características desses estados que podem afetar tais índices.
   Dica: lembre-se da tabela de projeção da população brasileira.

3.1.1 Marcos legais

A Constituição Federal de 1988 (Brasil, 1988), em seu art. 1º, declara a cidadania e a dignidade humana como princípios fundamentais da República Federativa do Brasil, garantindo a todos os brasileiros o *status* de cidadão. Mas o que esse direito de cidadania garante, afinal?

Os direitos de cidadania, como explicitado no Capítulo 1, asseguram aos indivíduos o acesso aos direitos fundamentais, entre os quais estão os direitos à vida, à saúde, à alimentação, à educação, à cultura, ao esporte e ao lazer, ao trabalho, à liberdade, à dignidade, ao respeito e à convivência familiar e comunitária.

Como observamos na seção anterior, em virtude do decréscimo nas taxas de fecundidade e mortalidade, combinado com a elevação da expectativa de vida, a população brasileira está envelhecendo. Na sociedade brasileira, os sujeitos de direitos que se encontram nas faixas etárias mais longevas muitas vezes são tidos como improdutivos, perdem os papéis sociais que um dia desempenharam, tornam-se dependentes, são acometidos por doenças e sofrem com a discriminação e o abandono, o que faz com que "os idosos sejam considerados cidadãos de segundo categoria" (Braga et al., 2016, p. 107).

Esse preconceito advém do próprio sistema econômico vigente em nossa sociedade, que dispensa aqueles que não mais produzem. Tal sistema econômico, denominado *capitalismo*, necessita de uma mão de obra jovem e forte e, para isso, seleciona os trabalhadores "mais capazes", que possam produzir mais em menos tempo e, consequentemente, gerar mais lucro.

Em contrapartida, o processo de envelhecimento e prolongamento da vida se tornou uma das preocupações do Estado e objeto de reivindicações dos movimentos sociais ligados à defesa dos direitos da pessoa idosa. Para o enfrentamento das expressões da "questão social" que dizem respeito a essas pessoas, faz-se necessária a implementação de políticas públicas que disponham de instrumentos legais para garantir os direitos de cidadania a essa população. Apresentaremos na sequência alguns desses instrumentos de proteção social aos idosos no Brasil.

As leis mais importantes que abrangem os direitos conquistados para a pessoa idosa são a Política Nacional do Idoso – Lei n. 8.842, de 4 de janeiro de 1994 (Brasil, 1994b) e o Estatuto do Idoso – Lei n. 10.741, de 1º de outubro de 2003 (Brasil, 2003b), os quais consolidaram direitos já assegurados na CF.

O art. 2º da Lei n. 8.842/1994 caracteriza como idoso, no Brasil, a pessoa com 60 anos ou mais. Também cria normas para os direitos sociais dos idosos, garantindo-lhes autonomia, integração e participação efetiva, como instrumento de cidadania. A referida lei estabelece os seguintes princípios:

> Art. 3º [...]
>
> I – a família, a sociedade e o estado têm o dever de assegurar ao idoso todos os direitos da cidadania, garantindo sua participação na comunidade, defendendo sua dignidade, bem-estar e o direito à vida;
>
> II – o processo de envelhecimento diz respeito à sociedade em geral, devendo ser objeto de conhecimento e informação para todos;
>
> III – o idoso não deve sofrer discriminação de qualquer natureza;
>
> IV – o idoso deve ser o principal agente e o destinatário das transformações a serem efetivadas através desta política;
>
> V – as diferenças econômicas, sociais, regionais e, particularmente, as contradições entre o meio rural e o urbano do Brasil deverão ser observadas pelos poderes públicos e pela sociedade em geral, na aplicação desta lei. (Brasil, 1994b)

Busca-se, com a implementação dessas ações, garantir ao idoso aquilo que a Constituição confere como direito, e não como benesse, a saber:

- direito à vida e à liberdade;
- direito ao respeito e à dignidade;
- promoção e assistência social;
- direito à saúde;
- direito à educação;
- cultura, esporte e lazer;
- profissionalização, trabalho e previdência social;
- habitação, urbanismo e transporte;
- direito à justiça.

Vejamos, mais detidamente, como o esforço de garantir esses direitos constitucionais configura as diferentes áreas de atendimento ao idoso, e quais são as medidas implementadas pelo Poder

Público para efetivar os direitos de cidadania dessa faixa cada vez mais expressiva da população brasileira.

Direito à vida e à liberdade

O primeiro direito é o direito à vida. Compreende a proteção ao envelhecimento saudável e em condições de dignidade, o que deve ser efetivado pelo Estado, por meio da implementação de políticas sociais públicas.
Quanto ao direito à liberdade, compreende:

> Art. 10. [...]
>
> [...]
>
> I – faculdade de ir, vir e estar nos logradouros públicos e espaços comunitários, ressalvadas as restrições legais;
>
> II – opinião e expressão;
>
> III – crença e culto religioso;
>
> IV – prática de esportes e de diversões;
>
> V – participação na vida familiar e comunitária;
>
> VI – participação na vida política, na forma da lei;
>
> VII – faculdade de buscar refúgio, auxílio e orientação. (Brasil, 2003b)

Direito ao respeito e à dignidade

Conforme os parágrafos 2º e 3º do art. 10 da Lei n. 10.741/2003, "O direito ao respeito consiste na inviolabilidade da integridade física, psíquica e moral, abrangendo a preservação da imagem, da identidade, da autonomia, de valores, ideias e crenças, dos espaços e dos objetos pessoais", devendo o idoso ser colocado "a salvo de qualquer tratamento desumano, violento, aterrorizante, vexatório ou constrangedor" (Brasil, 2003b).

Promoção e assistência social

A assistência social deve ser prestada, de forma organizada, de acordo com o que estabelecem a Lei Orgânica da Assistência

Social (Loas), a Política Nacional do Idoso, o Estatuto do Idoso, o Sistema Único de Saúde (SUS) e demais normas pertinentes. Objetiva atender às necessidades básicas do idoso, incluindo a provisão de alimentos, promovendo e estimulando alternativas para o atendimento a essa população em centros de convivência, centros de cuidados diurnos e casas-lares, por exemplo.

Também no âmbito da assistência social, é assegurado à pessoa com 65 anos ou mais que não tenha condições de prover o próprio sustento nem de tê-lo provido pela sua família um benefício mensal no valor de um salário mínimo, no âmbito da Loas. Para fazer jus ao recebimento do benefício, o idoso deve comprovar renda familiar mensal *per capita* inferior a um quarto do salário mínimo.

O referido benefício é denominado *Benefício de Prestação Continuada* (BPC). Por não se tratar de aposentadoria, o BPC, sendo um amparo de caráter assistencial, deve ser revisto a cada 2 anos, não exige contribuição à seguridade social e, por isso, não gera aos dependentes direito de requerer pensão por morte, quando for o caso. Esse benefício é financiado com recursos do Fundo Nacional da Assistência Social (FNAS) e integra a proteção social básica no âmbito do Sistema Único de Assistência Social (SUAS), sendo o Instituto Nacional do Seguro Social (INSS) o órgão responsável pela sua gestão.

O Serviço Social desempenha um papel central na operacionalização desse direito do idoso, "podendo elaborar análise socioeconômica para a concessão do benefício, na revisão bienal do BPC e também quando interposto recurso, ou instaurado procedimento pelas partes através da Justiça Federal" (Clemente, 2010).

Direito à saúde

O cuidado à saúde da população idosa deve ser oferecido pelo SUS nos diversos níveis de atendimento do sistema, por meio da garantia de prevenção, promoção, proteção e recuperação da saúde do idoso, criando serviços alternativos de saúde. A Lei n. 10.741/2003 concede ao idoso, quando adoentado, o direito de receber atendimento domiciliar, sob as seguintes condições:

"I – quando de interesse do poder público, o agente promoverá o contato necessário com o idoso em sua residência; ou II – quando de interesse do próprio idoso, este se fará representar por procurador legalmente constituído" (Brasil, 2003b). O Estatuto do Idoso prescreve, ainda, as instâncias que os serviços de saúde, tanto públicos quanto privados, devem notificar nos casos de suspeita ou confirmação de violência praticada contra os idosos, um fenômeno negativo que, infelizmente, faz parte do cotidiano da população idosa. Considera-se violência contra o idoso "qualquer ação ou omissão praticada em local público ou privado que lhe cause morte, dano ou sofrimento físico ou psicológico" (Brasil, 2003b). A lei determina que as notificações devem ser encaminhadas aos seguintes órgãos: autoridade policial, Ministério Público e conselhos municipal, estadual e nacional do idoso.

Direito à educação

A Política Nacional do Idoso preconiza que os programas educacionais destinados aos idosos devem adequar seus currículos, metodologias e materiais didáticos conforme as especificidades dessa faixa da população. Adicionalmente, os currículos mínimos do ensino formal devem contemplar conteúdos voltados para o processo de envelhecimento da população, com o intuito de buscar extinguir os preconceitos existentes na sociedade quanto às questões que perpassam a terceira idade. Quando se tratar de educação superior, as disciplinas de Gerontologia e Geriatria deverão estar inseridas na grade curricular.

Uma grande iniciativa quanto a esse aspecto foi o apoio à criação da Universidade Aberta à Terceira Idade (Unati), que franqueou possibilidades de inclusão e formação social para a população idosa, proporcionando melhoria na qualidade de vida. Iniciativas de algumas instituições de ensino públicas e privadas que têm em seu quadro de servidores assistentes sociais atuantes em projetos de extensão visam promover a cidadania do idoso, oferecer-lhe espaços de socialização, lazer e cultura, aumentar a autoestima desse sujeito possibilitar-lhe a aquisição de novos conhecimentos etc.

Cultura, esporte e lazer

O Poder Público deve propiciar aos idosos a possibilidade de obter preços reduzidos nos ingressos aos eventos culturais e incentivá-los a desenvolver atividades culturais, além de valorizar sua identidade cultural. Na área do esporte e lazer, devem ser criados programas que estimulem a prática desportiva, de forma a melhorar a qualidade de vida dessa população e estimular sua participação na comunidade.

O Estatuto do Idoso especifica o direito a desconto de 50% no valor dos ingressos para eventos artísticos, culturais, esportivos e de lazer, além de regular o acesso preferencial aos locais dos eventos.

Profissionalização, trabalho e previdência social

No plano da profissionalização e do trabalho, o Estatuto do Idoso inova quando dispõe que o primeiro critério de desempate em concurso público deve ser o fator idade, priorizando-se os candidatos que pertencem à faixa etária mais elevada. Adicionalmente, o Poder Público deve criar e estimular programas de:

> Art. 28. [...]
>
> I – profissionalização especializada para os idosos, aproveitando seus potenciais e habilidades para atividades regulares e remuneradas;
>
> II – preparação dos trabalhadores para a aposentadoria, com antecedência mínima de 1 (um) ano, por meio de estímulo a novos projetos sociais, conforme seus interesses, e de esclarecimento sobre os direitos sociais e de cidadania;
>
> III – estímulo às empresas privadas para admissão de idosos ao trabalho. (Brasil, 2003b)

Além disso, a legislação protege a participação do idoso no mercado de trabalho, não devendo ocorrer discriminação quanto à idade. Para fazer valer esse direito, o Poder Público deve garantir a existência de mecanismos que impeçam tais situações.

No que diz respeito à área da previdência social, a aposentadoria por idade é direcionada unicamente aos idosos contribuintes. A regra geral é de 65 anos de idade para homens e 60 anos para mulheres, desde que tenham contribuído por pelo menos 15 anos[4].

Habitação, urbanismo e transporte

Na área da habitação, a legislação garante "moradia digna, no seio da família natural ou substituta, ou desacompanhado de seus familiares, quando assim o desejar, ou, ainda, em instituição pública ou privada" (Brasil, 2003b). Em se tratando de programas habitacionais, o Poder Público deve adaptá-los ao idoso de forma a oferecer melhores condições de moradia, considerando suas características e peculiaridades, diminuindo as barreiras arquitetônicas e urbanas e obedecendo aos seguintes requisitos, a serem observados tanto por programas habitacionais públicos quanto pelos subsidiados com recursos públicos:

> Art. 38. [...]
>
> I – reserva de pelo menos 3% (três por cento) das unidades habitacionais residenciais para atendimento aos idosos;
>
> II – implantação de equipamentos urbanos comunitários voltados ao idoso;
>
> III – eliminação de barreiras arquitetônicas e urbanísticas, para garantia de acessibilidade ao idoso;
>
> IV – critérios de financiamento compatíveis com os rendimentos de aposentadoria e pensão. (Brasil, 2003b)

No âmbito da política de transporte, houve melhorias no que diz respeito ao direito de locomoção dos idosos em geral. Para os

---

[4] No momento em que este livro é editado, encontra-se em tramitação uma proposta de emenda à Constituição (PEC), que altera os arts. 37, 40, 109, 149, 167, 195, 201 e 203 da Constituição Federal, os quais dispõem sobre a seguridade social. Caso aprovada, a PEC em questão alterará também as regras que definem as idades de aposentadoria, estabelecerá regras de transição e tomará outras providências.

maiores de 65 anos[5], por exemplo, a legislação concede acesso gratuito ao transporte coletivo público urbano e semiurbano. Em se tratando de reserva de assentos, as empresas de transporte coletivo devem destinar 10% (dez por cento) deles para os idosos.

Com relação ao transporte coletivo interestadual, deve haver:

> Art. 40. [...]
>
> I – a reserva de 2 (duas) vagas gratuitas por veículo para idosos com renda igual ou inferior a 2 (dois) salários mínimos;
>
> II – desconto de 50% (cinquenta por cento), no mínimo, no valor das passagens, para os idosos que excederem as vagas gratuitas, com renda igual ou inferior a 2 (dois) salários mínimos. (Brasil, 2003b)

No que se refere a estacionamentos públicos e privados, os idosos têm direito ao mínimo de 5% das vagas, sendo que estas devem estar situadas de forma a garantir a melhor conveniência aos usuários de idade avançada.

Direito à justiça

No âmbito da justiça, o Poder Público deve promover e defender os direitos da pessoa idosa, de modo a zelar pelo cumprimento dos instrumentos legais afetos ao idoso, até mesmo ajuizando ações para evitar agravos e danos a tais direitos.

Examinadas as esferas de atuação do Poder Público na área dos direitos do idoso, precisamos lembrar mais uma vez que as políticas setoriais destinadas a promover esses direitos são frutos de conquistas sociais e que muitas vezes elas são postas em atividade pelo Estado ou, como destacamos no Capítulo 1, em regime de cooperação com o chamado *terceiro setor*, formado por organizações não governamentais (ONGs) que se dedicam a atender ao interesse público.

---

5 A legislação local deve determinar as condições referentes sobre à gratuidade para os idosos com idade entre 60 e 65 anos.

O assistente social, como trabalhador que atua em conjunto com equipes multidisciplinares, exerce um papel relevante como mediador do acesso do idoso às políticas sociais, podendo fazer uso dos instrumentos de ação que garantem os direitos apregoados na legislação. Segundo Lobato (2004), o assistente social tem a potencialidade para trabalhar com os idosos em três níveis: informação (orientação quanto aos direitos dessa população), educação (empoderamento social) e fortalecimento social (promoção do envelhecimento saudável).

> **Questão para reflexão**
>
> 1. Com suas palavras, explique em que consiste o direito do idoso ao respeito e à dignidade.
>
> **Dica**: lembre-se de que esse direito está garantido pelo Estatuto do Idoso.

3.2 Políticas públicas e programas destinados ao atendimento à pessoa com deficiência

No Brasil, a promoção de políticas sociais públicas destinadas às pessoas com deficiência vem avançando no sentido de valorizá-las como sujeitos de direitos e titulares de necessidades e características específicas. Com o advento da Constituição de 1988, os direitos da pessoa com deficiência foram instituídos no marco legal. Na Subseção 3.2.1, mostrarmos como esses direitos figuram nas diversas leis que regulam a área.

Entretanto, antes de tratarmos das políticas públicas reservadas às pessoas com deficiência, primeiramente devemos destacar que, no decorrer dos anos, vários foram os conceitos e denominações utilizadas para definir esses sujeitos de direitos. Atualmente, o termo que se considera mais adequado para designá-los é *pessoas com deficiência*, entendidas como aquelas que "têm impedimentos de longo prazo de natureza física, mental, intelectual ou sensorial, os quais, em interação com diversas barreiras, podem obstruir sua participação plena e efetiva na sociedade em igualdades de condições com as demais pessoas" (Brasil, 2009b).

O uso desse termo é adequado, pois enfatiza a "pessoa", que vem em primeiro lugar, e sugere que sua deficiência ocupa o segundo plano. Dessa forma, podemos identificar em nossa sociedade: pessoa com deficiência múltipla, pessoa com deficiência motora, pessoa com deficiência visual, pessoa com deficiência auditiva e assim por diante. Anteriormente à adoção desse conceito, utilizaram-se outros termos e expressões, como *deficientes, portadores de deficiência* e *portadores de necessidades especiais*. Toda essa nomenclatura vem sendo substituída pela terminologia proposta pela Organização das Nações Unidas (ONU), a partir da Convenção sobre os Direitos das Pessoas com Deficiência, assinada em 2007.

Convém ressaltar que a importância de adotar a nova definição de *pessoas com deficiência* está no fato de ela promover o entendimento de que existem barreiras arquitetônicas e sociais no cotidiano de vida desses sujeitos de direitos, que encontram, a todo o momento, elementos limitadores para sua inclusão universal.

O Quadro 3.1, apresenta o desenvolvimento histórico dos termos utilizados para designar as pessoas com deficiência.

Quadro 3.1 – Termos e locuções utilizados para designar as pessoas com deficiência no Brasil e sua evolução histórica

Período	Termos e locuções
Início do século XX até 1960	*Incapacitados* *Incapazes*
De 1961 a 1980	*Defeituosos* *Deficientes* *Excepcionais*
De 1981 a 1987	*Pessoas deficientes*
Após 1988	*Pessoas com necessidades especiais* *Portadores de necessidades especiais* *Pessoas especiais* *Pessoas portadoras de deficiência* *Pessoas com deficiência* *Portadores de direitos especiais*

Não foi somente a terminologia utilizada para fazer referência às pessoas com deficiência que se modificou; alterou-se também o tratamento que lhes foi dedicado no decorrer da história. Tanto no Brasil quanto na Europa, esses sujeitos, que hoje possuem direitos, no passado eram mantidos fechados em suas residências ou institucionalizados e exclusos da vida em sociedade. Foi a partir da década de 1960 que começaram a emergir os movimentos sociais ligados à questão das pessoas com deficiência que passaram a criticar as práticas assistencialistas e institucionais. Esses movimentos lutavam pelo fim dos manicômios e em defesa da implementação de políticas setoriais públicas nas áreas da assistência social, da educação, da saúde, do lazer e do trabalho.

A conquista de políticas públicas para o atendimento à pessoa com deficiência demandou do Estado um novo olhar para as velhas questões sobre a inclusão social dos sujeitos de direitos. As ações assistencialistas deram lugar a garantias legais, inclusive de atendimento prioritário, com a finalidade de:

Art. 9º [...]

I – proteção e socorro em quaisquer circunstâncias;

II – atendimento em todas as instituições e serviços de atendimento ao público;

III – disponibilização de recursos, tanto humanos quanto tecnológicos, que garantam atendimento em igualdade de condições com as demais pessoas;

IV – disponibilização de pontos de parada, estações e terminais acessíveis de transporte coletivo de passageiros e garantia de segurança no embarque e no desembarque;

V – acesso a informações e disponibilização de recursos de comunicação acessíveis;

VI – recebimento de restituição de imposto de renda;

VII – tramitação processual e procedimentos judiciais e administrativos em que for parte ou interessada, em todos os atos e diligências. (Brasil, 2015)

Portanto, atualmente vários são os direitos garantidos em lei às pessoas com deficiência. O primeiro deles é o direito à **vida**, que consiste na oferta, por parte do Poder Público, de segurança e proteção da dignidade da pessoa humana. O direito ao processo de **habilitação** e **reabilitação** diz respeito ao objetivo de proporcionar "o desenvolvimento de potencialidades, talentos, habilidades e aptidões físicas, cognitivas, sensoriais, psicossociais, atitudinais, profissionais e artísticas" (Brasil, 2015), com vistas a promover a autonomia da pessoa com deficiência e estimular sua participação na vida social, propiciando-lhe igualdade de condições e de oportunidades com as pessoas que não possuem deficiência.

O direito à **saúde** assegura, em todos os níveis de complexidade do SUS, atenção gratuita e integral à pessoa com deficiência, garantindo, inclusive, sua participação ativa no processo de elaboração das políticas de saúde que são destinadas a esse público. O direito à **educação** prevê a construção de um sistema educacional inclusivo, desde a educação infantil até os níveis mais elevados de ensino, devendo o Estado, a família, a comunidade escolar e a sociedade "assegurar educação de qualidade à pessoa com deficiência, colocando-a a salvo de toda forma de violência, negligência e discriminação" (Brasil, 2015)

O direito à **moradia** consiste em garantir habitação digna, "no seio da família natural ou substituta, com seu cônjuge ou companheiro ou desacompanhada, ou em moradia para a vida independente da pessoa com deficiência, ou, ainda, em residência inclusiva" (Brasil, 2015). A pessoa com deficiência terá prioridade nos programas públicos ou financiados com recursos públicos na área habitacional, bem como a garantia de "reserva de, no mínimo, 3% (três por cento) das unidades habitacionais" (Brasil, 2015).

A lei garante, ainda, que a pessoa com deficiência tenha direito ao **trabalho** "de sua livre escolha e aceitação, em ambiente acessível e inclusivo, em igualdade de oportunidades com as demais pessoas" (Brasil, 2015). Os empregadores, por sua vez, têm obrigação de ofertar um ambiente de trabalho acessível e inclusivo, assegurando até mesmo condições justas e favoráveis de trabalho e igualdade de oportunidades com os funcionários que não possuem deficiência.

A política pública de **assistência social** é operacionalizada no âmbito do SUAS, e o atendimento à pessoa com deficiência tem como objetivo "a garantia da segurança de renda, da acolhida, da habilitação e da reabilitação, do desenvolvimento da autonomia e da convivência familiar e comunitária, para a promoção do acesso a direitos e da plena participação social" (Brasil, 2015). Na Subseção 3.2.1, mostraremos que, após a publicação da Loas, em 1993, a pessoa com deficiência passou a ter acesso ao BPC, desde que comprove renda mensal familiar *per capita* inferior a um quarto do salário mínimo.

Quanto ao direito à **previdência social** da pessoa com deficiência, o Quadro 3.2 demonstra o tempo de contribuição à previdência que deve ser cumprido para que seja assegurada a concessão da aposentadoria pelo Regime Geral da Previdência Social (RGPS).

Quadro 3.2 – Tempo de contribuição da pessoa com deficiência

Grau da deficiência	Homem	Mulher
Grave	25 anos	20 anos
Moderada	29 anos	24 anos
Leve	33 anos	28 anos
Independente*	60 anos	55 anos

*Desde que cumprido tempo mínimo de contribuição de 15 (quinze) anos e comprovada a existência de deficiência durante igual período.

Fonte: Elaborado com base em Brasil, 2013b.

O rol de direitos concernentes à **cultura**, ao **esporte**, ao **turismo** e ao **lazer** garante o acesso em igualdade de oportunidades com as demais pessoas:

> Art. 42. [...]
>
> I – a bens culturais em formato acessível;
>
> II – a programas de televisão, cinema, teatro e outras atividades culturais e desportivas em formato acessível; e
>
> III – a monumentos e locais de importância cultural e a espaços que ofereçam serviços ou eventos culturais e esportivos. (Brasil, 2015).

Essa garantia compreende a extinção, a diminuição ou a superação dos obstáculos por parte do Poder Público, a fim de possibilitar que a pessoa com deficiência possa usufruir de seus direitos de participar integralmente da vida social.

O direito ao **transporte** e à **mobilidade** compreende a identificação e a eliminação de barreiras que impeçam o acesso da pessoa com deficiência aos lugares. Nos estacionamentos públicos ou privados de uso coletivo, deve haver a reserva de vagas no montante mínimo de 2% do total, e "garantida, no mínimo, 1 (uma) vaga devidamente sinalizada" (Brasil, 2015), devendo localizar-se perto de pontos de acesso à circulação de pedestres, sob pena de multa.

Na próxima subseção, examinaremos os pontos mais importantes da legislação que trata da proteção e da garantia dos direitos sociais e individuais das pessoas com deficiência.

> **Questão para reflexão**
>
> 1. Por que é importante utilizar o conceito de *pessoa com deficiência* no lugar de termos como *deficiente, portador de deficiência* ou *portadores de necessidades especiais*?
> **Dica**: lembre-se de que as pessoas com deficiência são tidas como sujeitos de direitos.

3.2.1 Marcos legais

A Constituição Federal de 1988 inaugurou um marco importante no rol de garantias dos direitos da pessoa com deficiência. São vários os direitos mencionados nessa lei:

- **Dos Direitos e Garantias Fundamentais (Direitos Sociais)**: a Constituição proíbe "qualquer discriminação no tocante a salário e critérios de admissão do trabalhador com deficiência" (art. 7º, inciso XXXI).
- **Da Organização do Estado (Da União)**: Cabe à União, aos estados, ao Distrito Federal e aos municípios, de forma partilhada, "cuidar da saúde e assistência pública, da proteção e garantia das pessoas portadoras de deficiência" (art. 23, inciso II); a União, os estados e o Distrito Federal devem legislar quanto à "proteção e integração social das pessoas portadoras de deficiência" (art. 24, inciso XIV).
- **Da Organização do Estado (Da Administração Pública)**: "a lei reservará percentual dos cargos e empregos públicos para as pessoas portadoras de deficiência e definirá os critérios de sua admissão" (art. 37, inciso VIII).
- **Da Ordem Social (Da Previdência Social)**: a lei proíbe a diferenciação de critérios para a aposentadoria dos trabalhadores protegidos pelo RGPS, salvo em algumas situações, como, no caso de trabalhadores portadores de deficiência (art. 201, parágrafo 1º).

- **Da Ordem Social (Assistência Social)**: a assistência social tem por objetivos "a habilitação e reabilitação das pessoas portadoras de deficiência e a promoção de sua integração à vida comunitária" (art. 203, inciso IV), bem como a garantia de benefício no valor de um salário mínimo mensal às pessoas com deficiência "que comprovem não possuir meios de prover à própria manutenção ou de tê-la provida por sua família, conforme dispuser a lei" (art. 203, inciso V);
- **Da Ordem Social (Da Educação)**: o dever do Estado com a educação inclui o de garantir "atendimento educacional especializado aos portadores de deficiência, preferencialmente na rede regular de ensino" (art. 208, inciso III).
- **Da Ordem Social (Da Família, da Criança, do Adolescente, do Jovem e do Idoso)**: o Estado deve promover a implantação de programas de prevenção e atendimento especializado para as pessoas com deficiência assim como programas de integração social de jovens e adolescentes com deficiência, "mediante o treinamento para o trabalho e a convivência, e a facilitação do acesso aos bens e serviços coletivos, com a eliminação de obstáculos arquitetônicos e de todas as formas de discriminação" (art. 227, inciso II).

Nesse sentido, a Constituição reconhece categoricamente as pessoas com deficiência como sujeitos de direitos e propicia as condições necessárias para a criação de marcos legais específicos, que visem regulamentar os artigos da Carta Magna que tratam da temática.

Vejamos a seguir algumas leis, decretos e outros documentos que foram criados após o ano de 1988:

- **A Lei n. 7.853, de 24 de outubro de 1989** (Brasil, 1989), dispõe sobre a integração social das pessoas com deficiência e garante direitos sociais nas áreas de educação, saúde, formação profissional e do trabalho, recursos humano; e edificações.
Dez anos mais tarde, essa lei foi regulamentada por meio do Decreto n. 3.298, de 20 de dezembro de 1999 (Brasil, 1999), que também instituiu o Conselho Nacional dos Direitos da

Pessoa Portadora de Deficiência (Conade), criado no âmbito do Ministério da Justiça como órgão superior de deliberação coletiva, com a função primeira de assegurar a implementação da Política Nacional de Integração da Pessoa Portadora de Deficiência. A referida lei também disciplina a atuação do Ministério Público e da Coordenadoria Nacional para a Integração da Pessoa Portadora de Deficiência (Corde). A primeira dessas instituições deve interceder nas ações públicas, coletivas ou individuais que se relacionam às pessoas com deficiência, enquanto a segunda tem entre suas atribuições a elaboração, a coordenação e o acompanhamento de planos, programas e projetos que se refiram às pessoas com deficiência.

※ A **Lei n. 8.742, de 7 de dezembro de 1993** (Brasil, 1993b) trata da organização da assistência social. Essa lei institui, em seu art. 20, a garantia de um salário mínimo nacional destinado à pessoa com deficiência que não possua meios para sua subsistência nem de tê-la provida por sua família. O BPC é um benefício integrante da Política Nacional de Assistência Social, e faz parte da Proteção Social Básica do SUAS. Além de abranger a pessoa com deficiência, ele também atende às pessoas idosas com 65 anos ou mais que comprovem renda mensal familiar *per capita* inferior a um quarto do salário mínimo nacional. No caso das pessoas com deficiência, elas devem passar por uma avaliação realizada em duas etapas, com a participação de profissionais do Serviço Social e da medicina, que analisarão a presença de impedimentos de longa duração.

※ Em 1994, com a Conferência Mundial sobre Necessidades Educacionais Especiais, realizada na cidade de Salamanca, Espanha, um novo olhar passou a se voltar para a área educacional das pessoas com deficiência. Desse evento tão importante nasceu a **Declaração de Salamanca**, um documento fundamental para a promoção da educação inclusiva em todo o mundo, que serviu de orientação para diversos países aprimorarem suas políticas públicas e educacionais. Entre outras propostas contidas nessa declaração está a de que a educação inclusiva deve promover a vivência entre todas as pessoas, com ou sem deficiência, de modo a garantir o direito à educação de qualidade a todos os cidadãos:

> As escolas devem acolher todas as crianças, independentemente de suas condições físicas, intelectuais, sociais, emocionais, linguísticas ou outras. Devem acolher crianças com deficiência e crianças bem dotadas; crianças que vivem nas ruas e que trabalham; crianças de populações distantes ou nômades; crianças de minorias linguísticas, étnicas ou culturais e crianças de outros grupos ou zonas desfavorecidos ou marginalizados. (Declaração..., 1994, p. 3)

- A **Lei n. 8.899, de 29 de junho de 1994** (Brasil, 1994c), respalda o direito à gratuidade no sistema de transporte coletivo interestadual às pessoas com deficiência "comprovadamente carentes" (Brasil, 1994c), isto é, aquelas com renda familiar mensal *per capita* de até um salário mínimo. Prescreve que as empresas permissionárias e autorizatárias de transporte interestadual de passageiros devem reservar dois assentos de cada veículo destinado a serviço convencional para uso prioritário de pessoas com deficiência.
- A **Lei n. 8.989, de 24 de fevereiro de 1995** (Brasil, 1995), que determina a isenção do Imposto sobre Produtos Industrializados (IPI) na aquisição de automóveis destinados ao transporte autônomo de passageiros, por pessoas com deficiência física, visual, mental severa ou profunda, ou autistas, de modo direto ou por seu representante legal.
- A **Lei n. 9.394, de 20 de dezembro de 1996** (Lei de Diretrizes e Bases da Educação Nacional – LDBEN) trata dos processos formativos da pessoa humana. Em seu Título III, "Do Direito à Educação e do Dever de Educar", essa lei preceitua que o dever do Estado com a educação escolar pública será garantido às pessoas com deficiência em "atendimento educacional especializado gratuito [...] a todos os níveis, etapas e modalidades, preferencialmente na rede regular de ensino" (Brasil, 1996).

No Título V, "Dos Níveis e das Modalidades de Educação e ensino", a LDBEN dispõe de um capítulo específico para a educação especial, entendida como uma "modalidade de educação escolar oferecida preferencialmente na rede regular de ensino, para

educandos com deficiência, transtornos globais do desenvolvimento e altas habilidades ou superdotação" (Brasil, 1996).
Portanto, a lei determina, caso necessário, a existência de serviços de apoio especializado, no interior da escola regular, para fins de atendimento às singularidades dos educandos da educação especial. Além disso, a atenção destinada a eles deverá ser realizada em classes, escolas ou serviços especializados, quando não houver possibilidade de integrá-los nas classes comuns de ensino regular, tendo início, segundo a lei, na educação infantil.

- A questão da promoção da acessibilidade das pessoas com deficiência ou com mobilidade reduzida foi abordada pela **Lei n. 10.048, de 8 de novembro de 2000** (Brasil, 2000a), que enriqueceu a proposta para o desenvolvimento das ações de implementação da legislação concernentes a essa área, versando sobre a prioridade de atendimento por parte de repartições públicas, empresas concessionárias de serviços públicos e instituições financeiras.

Quanto ao transporte, a Lei n. 10.048/2000 assegura a reserva de assentos devidamente identificados às pessoas com deficiências determinando que as empresas públicas e as concessionárias de transporte coletivo estão sujeitas a penalidades em caso de descumprimento da lei.

- A **Lei n. 10.098, de 19 de dezembro de 2000**, estabeleceu as normas e os critérios para a promoção da acessibilidade das pessoas com deficiência ou com mobilidade reduzida, por meio da "supressão de barreiras e de obstáculos nas vias e espaços públicos, no mobiliário urbano, na construção e reforma de edifícios e nos meios de transporte e de comunicação" (Brasil, 2000b).

Essa lei ainda traz algumas definições importantes, em seu art. 2º:

> Art. 2º [...]
>
> **I – acessibilidade**: possibilidade e condição de alcance para utilização, com segurança e autonomia, de espaços, mobiliários, equipamentos urbanos, edificações, transportes, informação e comunicação, inclusive seus sistemas e tecnologias, bem como de outros serviços e instalações abertos ao público, de uso público ou privados de uso coletivo, tanto na zona urbana como na rural, por pessoa com deficiência ou com mobilidade reduzida;

II – **barreiras**: qualquer entrave, obstáculo, atitude ou comportamento que limite ou impeça a participação social da pessoa, bem como o gozo, a fruição e o exercício de seus direitos à acessibilidade, à liberdade de movimento e de expressão, à comunicação, ao acesso à informação, à compreensão, à circulação com segurança, entre outros [...];

III – **pessoa com deficiência**: aquela que tem impedimento de longo prazo de natureza física, mental, intelectual ou sensorial, o qual, em interação com uma ou mais barreiras, pode obstruir sua participação plena e efetiva na sociedade em igualdade de condições com as demais pessoas;

IV – **pessoa com mobilidade reduzida**: aquela que tenha, por qualquer motivo, dificuldade de movimentação, permanente ou temporária, gerando redução efetiva da mobilidade, da flexibilidade, da coordenação motora ou da percepção, incluindo idoso, gestante, lactante, pessoa com criança de colo e obeso;

V – **acompanhante**: aquele que acompanha a pessoa com deficiência, podendo ou não desempenhar as funções de atendente pessoal;

VI – **elemento de urbanização**: quaisquer componentes de obras de urbanização, tais como os referentes a pavimentação, saneamento, encanamento para esgotos, distribuição de energia elétrica e de gás, iluminação pública, serviços de comunicação, abastecimento e distribuição de água, paisagismo e os que materializam as indicações do planejamento urbanístico;

VII – **mobiliário urbano**: conjunto de objetos existentes nas vias e nos espaços públicos, superpostos ou adicionados aos elementos de urbanização ou de edificação, de forma que sua modificação ou seu traslado não provoque alterações substanciais nesses elementos, tais como semáforos, postes de sinalização e similares, terminais e pontos de acesso coletivo às telecomunicações, fontes de água, lixeiras, toldos, marquises, bancos, quiosques e quaisquer outros de natureza análoga;

VIII – **tecnologia assistiva ou ajuda técnica**: produtos, equipamentos, dispositivos, recursos, metodologias, estratégias, práticas e serviços que objetivem promover a funcionalidade, relacionada à atividade e à participação da pessoa com deficiência ou com mobilidade reduzida, visando à sua autonomia, independência, qualidade de vida e inclusão social;

IX – **comunicação**: forma de interação dos cidadãos que abrange, entre outras opções, as línguas, inclusive a Língua Brasileira de

Sinais (Libras), a visualização de textos, o Braille, o sistema de sinalização ou de comunicação tátil, os caracteres ampliados, os dispositivos multimídia, assim como a linguagem simples, escrita e oral, os sistemas auditivos e os meios de voz digitalizados e os modos, meios e formatos aumentativos e alternativos de comunicação, incluindo as tecnologias da informação e das comunicações;

X – **desenho universal**: concepção de produtos, ambientes, programas e serviços a serem usados por todas as pessoas, sem necessidade de adaptação ou de projeto específico, incluindo os recursos de tecnologia assistiva. (Brasil, 2000b, grifo nosso)

- O **Decreto n. 5.296, de 2 de dezembro de 2004** (Brasil, 2004), mais conhecido como **Decreto da Acessibilidade**, regulamentou as leis n. 10.048/2000 e 10.098/2000. Esse decreto regula questões sobre a prioridade de atendimento às pessoas que apresentam algumas particularidades (entre elas, as com deficiência) e também sobre a promoção da acessibilidade das pessoas portadoras de deficiência ou com mobilidade reduzida.

O art. 5º, parágrafo 1º, desse decreto traz alguns conceitos importantes a respeito das categorias das deficiências, como é possível ver no Quadro 3.3.

Quadro 3.3 – Categorias das deficiências

Deficiência	Descrição
Física	"Alteração completa ou parcial de um ou mais segmentos do corpo humano, acarretando o comprometimento da função física, apresentando-se sob a forma de paraplegia, paraparesia, monoplegia, monoparesia, tetraplegia, tetraparesia, triplegia, triparesia, hemiplegia, hemiparesia, ostomia, amputação ou ausência de membro, paralisia cerebral, nanismo, membros com deformidade congênita ou adquirida, exceto as deformidades estéticas e as que não produzam dificuldades para o desempenho de funções".
Auditiva	"Perda bilateral, parcial ou total, de quarenta e um decibéis (dB) ou mais, aferida por audiograma nas frequências de 500Hz, 1.000Hz, 2.000Hz e 3.000Hz".

(continua)

(Quadro 3.3 – conclusão)

Deficiência	Descrição
Visual	"Cegueira, na qual a acuidade visual é igual ou menor que 0,05 no melhor olho, com a melhor correção óptica; a baixa visão, que significa acuidade visual entre 0,3 e 0,05 no melhor olho, com a melhor correção óptica; os casos nos quais a somatória da medida do campo visual em ambos os olhos for igual ou menor que 60 graus; ou a ocorrência simultânea de quaisquer das condições anteriores".
Mental	"Funcionamento intelectual significativamente inferior à média, com manifestação antes dos dezoito anos e limitações associadas a duas ou mais áreas de habilidades adaptativas, tais como: 1. comunicação; 2. cuidado pessoal; 3. habilidades sociais; 4. utilização dos recursos da comunidade; 5. saúde e segurança; 6. habilidades acadêmicas; 7. lazer; 8. trabalho".
Múltipla	"Associação de duas ou mais deficiências".

Fonte: Elaborado com base em Brasil, 2004.

Em 2002, a comunidade surda conquistou um importante reconhecimento quanto ao meio legal de comunicação e expressão da sua língua, a Língua Brasileira de Sinais (Libras), com a publicação da **Lei n. 10.436, de 24 de abril de 2002**, que a entendeu como "a forma de comunicação e expressão, em que o sistema linguístico de natureza visual-motora, com estrutura gramatical própria, constitui um sistema linguístico de transmissão de ideias e fatos, oriundos de comunidades de pessoas surdas do Brasil" (Brasil, 2002). A Figura 3.1, a seguir, apresenta o alfabeto que compõe as configurações de mãos utilizadas na Libras, conhecido como *datilológico* ou *manual*.

Figura 3.1 – Alfabeto datilológico

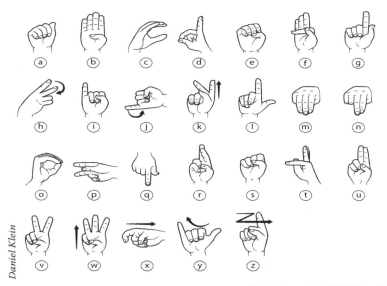

Fonte: Adaptado de IFSC, 2017, p. 20.

A Federação Nacional de Educação e Integração de Surdos (Feneis) define a Libras como a língua materna[6] responsável por impulsionar a integração das pessoas com deficiência auditiva na sociedade, assim como seu desenvolvimento humano, cultural e educacional. Segundo Dizeu e Caporali (2005, p. 593), "para que o surdo possa reconhecer sua identidade surda é importante que ele estabeleça o contato com a comunidade surda, para que realize sua identificação com a cultura, os costumes, a língua e, principalmente, a diferença de sua condição".

A comunidade surda a que se refere o autor são os diversos espaços que podem ser constituídos tanto por surdos quanto por

---

6 "Língua materna se refere aos surdos que nascem em famílias de surdos, onde a língua comum é a Libras. Já para surdos que nascem em famílias ouvintes onde não há comunicação em Libras entendemos como Língua natural" (IFSC, [S.d.], p. 9).

ouvintes, tendo como elementos relevantes os interesses partilhados, assim como ideias e experiências em comum.

- A **Lei n. 11.126, de 27 de junho de 2005**, assegura à pessoa com deficiência visual em companhia de cão-guia "o direito de ingressar e de permanecer com o animal em todos os meios de transporte e em estabelecimentos abertos ao público, de uso público e privados de uso coletivo" (Brasil, 2005b). A lei estabelece, inclusive, penalidades caso haja impedimento do usufruto desse direito. Sua regulamentação ocorreu por meio do **Decreto n. 5.904, de 21 de setembro de 2006** (Brasil, 2006b), que introduziu alguns conceitos acerca da especificidade da lei, como consta no Quadro 3.4.

Quadro 3.4 – Conceitos estabelecidos pelo Decreto n. 5.904/2006

Conceito	Definição
Local público	"Aquele que seja aberto ao público, destinado ao público ou utilizado pelo público, cujo acesso seja gratuito ou realizado mediante taxa de ingresso".
Local privado de uso coletivo	"Aquele destinado às atividades de natureza comercial, cultural, esportiva, financeira, recreativa, social, religiosa, de lazer, educacional, laboral, de saúde ou de serviços, entre outras".
Treinador	"Profissional habilitado para treinar o cão".
Instrutor	"Profissional habilitado para treinar a dupla cão e usuário".
Família hospedeira ou família de acolhimento	"Aquela que abriga o cão na fase de socialização, compreendida entre o desmame e o início do treinamento específico do animal para sua atividade como guia".
Acompanhante habilitado do cão-guia	"Membro da família hospedeira ou família de acolhimento".
Cão-guia	"Animal castrado, isento de agressividade, de qualquer sexo, de porte adequado, treinado com o fim exclusivo de guiar pessoas com deficiência visual".

Fonte: Elaborado com base em Brasil, 2006b.

- A **Lei n. 11.982, de 16 de julho de 2009**, acrescenta ao art. 4º da Lei n. 10.098/2000 o parágrafo único que trata da adequação dos parques de diversão, tanto públicos quanto privados, que devem "adaptar, no mínimo, 5% (cinco por cento) de cada brinquedo e equipamento e identificá-lo para possibilitar sua utilização por pessoas com deficiência ou com mobilidade reduzida, tanto quanto tecnicamente possível" (Brasil, 2009c).
- A **Lei n. 13.146, de 6 de julho de 2015**, instituiu a Lei Brasileira de Inclusão da Pessoa com Deficiência (Estatuto da Pessoa com Deficiência), "destinada a assegurar e a promover, em condições de igualdade, o exercício dos direitos e das liberdades fundamentais" (Brasil, 2015) das pessoas com deficiência, numa perspectiva de inclusão social e de cidadania. A lei protege a pessoa com deficiência em seu direito de exercer a igualdade de oportunidades com as demais pessoas e de não sofrer nenhuma espécie de discriminação, a qual é definida como toda forma de

> distinção, restrição ou exclusão, por ação ou omissão, que tenha o propósito ou o efeito de prejudicar, impedir ou anular o reconhecimento ou o exercício dos direitos e das liberdades fundamentais de pessoa com deficiência, incluindo a recusa de adaptações razoáveis e de fornecimento de tecnologias assistivas. (Brasil, 2015)

A referida lei inova ao tratar da avaliação da deficiência, sob o viés biopsicossocial, a ser realizada por equipe multiprofissional e interdisciplinar, a qual deve levar em conta os seguintes aspectos: "I – os impedimentos nas funções e nas estruturas do corpo; II – os fatores socioambientais, psicológicos e pessoais; III – a limitação no desempenho de atividades; e IV – a restrição de participação" (Brasil, 2015).

O Estatuto da Pessoa com Deficiência é um importante instrumento de efetivação de direitos, e de luta pelo enfraquecimento do paradigma da normalidade, disseminado em nossa sociedade pela lógica de mercado, segundo o qual somente são capazes os indivíduos considerados "normais". Na realidade, porém, como consta no art. 6º dessa lei, a deficiência não prejudica a plena capacidade civil do indivíduo, estando ele apto inclusive a casar ou constituir união estável, exercer seus direitos sexuais e reprodutivos, seu direito à guarda, à tutela, à curatela ou à adoção, em igualdade de oportunidades com as demais pessoas.

Como é possível perceber, o Brasil é um país que detém uma legislação extensa e complexa na área da defesa de direitos, dispondo de leis e decretos regulamentadores que buscam a promoção e a garantia dos direitos humanos e da cidadania. As políticas sociais públicas encontram respaldo nesses marcos legais, os quais, ao longo da história recente, têm se materializado nas agendas políticas postas em prática no país.

> **Questão para reflexão**
>
> 1. Qual é a língua materna dos surdos e qual é a importância dela para essa comunidade?
>   **Dica**: lembre-se da importância do reconhecimento da identidade surda.

Síntese

Neste capítulo, examinamos os dados do IBGE sobre o processo de envelhecimento populacional e mostramos que esse fenômeno é decorrente da combinação de alguns fatores, como a diminuição das taxas de fecundidade, natalidade e mortalidade, as quais, aliadas ao aumento da expectativa de vida ao nascer, modificam o formato da pirâmide etária. Segundo dados do IBGE sobre a projeção populacional para os anos de 2030, haverá aproximadamente 40,5 milhões de idosos no Brasil. Isso quer dizer que essa categoria da sociedade necessita da atenção por parte do Estado em sua políticas públicas, para que possa viver com dignidade.

Com base na Constituição Federal, estruturaram-se alguns instrumentos legais de garantia de proteção social e de cidadania às pessoas idosas. Os conteúdos normativos de maior relevância para a população idosa sob a Política Nacional do Idoso (Lei n. 8.842/1994) e Estatuto do Idoso (Lei n. 10.741/2003), que garantem o acesso aos direitos fundamentais, entre eles os direitos à vida, à saúde, à alimentação, à educação, à cultura, ao esporte e ao lazer, ao trabalho, à liberdade, à dignidade, ao respeito e à convivência familiar e comunitária.

Na área das políticas sociais públicas destinadas às pessoas com deficiência, demonstramos que o Brasil também tem avançado na implementação de marcos normativos legais que as valorizem como sujeitos titulares de direitos e garantias fundamentais.

Por fim, destacamos quais são as garantias legais que os instrumentos jurídicos trazem às pessoas com deficiência nas diversas áreas de atuação das políticas sociais: assistência social, previdência social, cultura, esporte, turismo, lazer, transporte, mobilidade etc.

Para saber mais

BRASIL. Lei n. 13.146, de 6 de julho de 2015. **Diário Oficial da União**, Poder Legislativo, Brasília, DF, 7 jul. 2015. Disponível em: <http://www.planalto.gov.br/ccivil_03/_ato2015-2018/2015/lei/l13146.htm>. Acesso em: 25 mar. 2017.

A Lei n. 13.146/2015 promove a defesa dos direitos de cidadania das pessoas com deficiência e garante meios para que elas participem ativamente da vida social, eliminando ou reduzindo barreiras e dificuldades encontradas em seu cotidiano. Pela exigência constante de atualização das questões que envolvem a relação entre o trabalho do assistente social e as políticas públicas, faz-se necessário o conhecimento amplo dos instrumentos que protegem os usuários atendidos por essas políticas.

ERVATTI, L. R.; BORGES, G. M.; JARDIM, A. de P. (Org.). **Mudança demográfica no Brasil no início do século XXI**: subsídios para as projeções da população. Rio de Janeiro: Ministério do Planejamento, Orçamento e Gestão/IBGE, 2015. Disponível em: <http://biblioteca.ibge.gov.br/visualizacao/livros/liv93322.pdf>. Acesso em: 31 mar. 2017.

Essa publicação apresenta análises de técnicos da Coordenação de População e Indicadores Sociais do IBGE acerca das mudanças demográficas experimentadas pela população brasileira, sobretudo no que diz respeito à fecundidade, à mortalidade e às migrações nas diversas regiões brasileiras.

ALMEIDA, N. L. T. de; ALENCAR, M. M. T. de. **Serviço social**: trabalho e políticas públicas. São Paulo: Saraiva, 2012.

Esse livro trata de um assunto contemporâneo para o Serviço Social: a relação entre este e o trabalho no bojo das políticas públicas. Os autores destinam sua obra especialmente aos alunos dos cursos de Serviço Social, embora busquem atender também à expectativa dos profissionais que enfrentam diariamente os desafios postos à profissão. Os temas debatidos pelos autores são de grande relevância para a formação profissional e inserem-se no debate sobre os processos de trabalho do assistente social.

Questões para revisão

1. Além do Benefício de Prestação Continuada (BPC), as pessoas com deficiência contam com outras garantias legais. Assinale a alternativa em que todas as garantias apresentadas estão legalmente asseguradas às pessoas com deficiência:
    a) Isenção do Imposto sobre Produtos Industrializados (IPI) na aquisição de automóveis destinados ao transporte autônomo de passageiros por pessoas com deficiência física, visual, mental severa ou profunda, ou autistas, de modo direto ou por seu representante legal.

b) Direito ao processo de habilitação e reabilitação, com o intento de promover a inserção prioritária da pessoa com deficiência no mercado de trabalho.
c) Livre passe municipal para transporte urbano e transporte interestadual gratuito, independentemente da renda familiar.
d) Garantia de atendimento de educação em instituição especializada às pessoas com deficiência, desde que comprovadamente carentes.

2. A Lei n. 10.098/2000, que estabelece normas gerais e critérios básicos para a promoção da acessibilidade das pessoas com deficiência ou com mobilidade reduzida, apresenta as seguintes definições:

I) Acessibilidade: possibilidade e condição de alcance para utilização, com segurança e autonomia, de espaços, mobiliários, equipamentos urbanos, edificações, transportes, informação e comunicação, inclusive seus sistemas e tecnologias, bem como de outros serviços e instalações abertos ao público, de uso público ou privados de uso coletivo, tanto na zona urbana como na rural, por pessoa com deficiência ou com mobilidade reduzida.

II) Pessoa com mobilidade reduzida: aquela que tenha, por qualquer motivo, dificuldade de movimentação, permanente ou temporária, gerando redução efetiva da mobilidade, da flexibilidade, da coordenação motora ou da percepção, incluindo idoso, gestante, lactante, pessoa com criança de colo e obeso.

III) Mobiliário urbano: conjunto de objetos existentes nas vias e nos espaços públicos, superpostos ou adicionados aos elementos de urbanização ou de edificação, de forma que sua modificação ou seu traslado não provoque alterações substanciais nesses elementos, tais como semáforos, postes de sinalização e similares, terminais e pontos de acesso coletivo às telecomunicações, fontes de água, lixeiras, toldos, marquises, bancos, quiosques e quaisquer outros de natureza análoga.

IV) Acompanhante: aquele que acompanha a pessoa com deficiência, devendo necessariamente desempenhar as funções de atendente pessoal.

Assinale a alternativa correta:
a) Somente as definições I e III são verdadeiras.
b) Somente as definições I, II e III são verdadeiras.
c) Somente as definições II e IV são verdadeiras.
d) As definições I, II, III e IV são verdadeiras.

3. Sobre o Estatuto do Idoso, assinale a alternativa **incorreta**:
a) Foi instituído com o objetivo de regular os direitos assegurados às pessoas com idade igual ou superior a 60 anos.
b) É obrigação exclusiva do Poder Público assegurar ao idoso a efetivação dos direitos à vida, à saúde, à alimentação, à educação, à cultura, ao esporte, ao lazer, ao trabalho, à cidadania, à liberdade, à dignidade, ao respeito e à convivência familiar e comunitária.
c) Devem ser criadas universidades abertas para as pessoas idosas, com o objetivo de oferecer possibilidades à população idosa de inclusão e formação social
d) É assegurado a todas as pessoas com 65 anos ou mais um benefício mensal no valor de um salário mínimo, no âmbito da assistência social.

4. Explique pelo menos um dos princípios estabelecidas pela Lei n. 8.842/1994 – Política Nacional do Idoso.

5. Quais são os principais fatores que contribuíram para a mudança no comportamento reprodutivo das mulheres brasileiras que influenciou o processo de envelhecimento da população?

CAPÍTULO 4

Desafios do Serviço Social diante das políticas públicas

Conteúdos do capítulo:

- As políticas públicas de meio ambiente, saneamento básico, cidades e habitação.
- As políticas públicas de igualdade racial.
- As políticas públicas de enfrentamento da violência.
- As políticas públicas de juventude.
- As políticas públicas de segurança pública.

Após o estudo deste capítulo, você será capaz de:

1. identificar as políticas públicas setoriais como diferentes áreas de atuação profissional;
2. analisar as políticas que envolvem as áreas de habitação, meio ambiente e saneamento;
3. compreender a evolução das políticas públicas de juventude;
4. entender os mecanismos normativos para o enfrentamento da violência em diferentes segmentos sociais: crianças, adolescentes, idosos, população negra e mulheres;
5. refletir sobre as políticas públicas de segurança pública.

Neste capítulo, examinaremos políticas públicas setoriais que envolvem segmentos populacionais específicos e, em cada caso, apresentaremos um apanhado teórico e instrumental acerca da atuação profissional do assistente social. Tais políticas se revelam, assim, como desafios de atuação não por seu grau de enfrentamento, mas pelo seu alcance, uma vez que esse profissional é chamado a agir nas mais diferentes áreas da realidade social em que se atestam expressões da "questão social".

Assim, o estudo que empreenderemos neste capítulo está pautado por esse vasto campo que se abre para a atuação profissional, o qual exige do assistente social o domínio de instrumentos teóricos e metodológicos indispensáveis para o fazer profissional. Além disso, destacamos que, para cada política pública em cuja esfera o assistente social é desafiado a atuar, torna-se necessário o conhecimento dos marcos normativos e da contextualização histórica envolvidos, bem como o entendimento da realidade social em que se dará essa atuação.

4.1 As políticas públicas de meio ambiente, saneamento básico, cidades e habitação

A ligação entre meio ambiente, saneamento básico, cidades e habitação é intrínseca. Do ponto de vista do Serviço Social, não é possível examinar essas áreas de forma isolada. Para compreender as questões de habitação e saneamento básico das cidades, é preciso considerar as questões ambientais. Afinal, como observa Spósito (2001, citado por Souza, 2002, p. 43), "o ambiente não se restringe ao conjunto das dinâmicas e processos naturais, mas [...] [engloba as] relações entre estes e as dinâmicas e processos sociais".

Tendo isso em mente, podemos facilmente perceber que há uma ligação direta entre os aspectos ambientais e os processos ocupacionais das cidades. A expansão urbana precisa levar em conta as condições necessárias à garantia da sustentabilidade ambiental, uma vez que esta exerce um impacto direto sobre a vida cotidiana, inclusive nos espaços urbanos. Torna-se necessário, assim, que se estabeleça um novo modelo de desenvolvimento, em que se conciliem a preservação do meio ambiente e a busca de soluções criativas para atender aos anseios dos cidadãos por acesso a uma melhor qualidade de vida.

Para que isso seja possível, é fundamental atentar para as dimensões políticas sociais, econômicas, culturais e até mesmo ideológicas, envolvidas, que demonstram as contradições entre os aspectos ambiental e social dentro dos espaços urbanos.

4.1.1 Políticas urbanas: marcos legais

Podemos considerar a questão urbana como o direito associado à vida na cidade e à moradia digna. No Brasil, a política que abrange essa temática passou, ao longo das últimas décadas, por várias transformações, tanto na política estatal, nos marcos regulatórios, quanto na forma de envolvimento dos diferentes sujeitos sociais.

A base legal que rege as demais normativas para a área encontra-se na Constituição Federal, pois esta, em seu art. 21, estabelece como uma das competências da União a de "instituir diretrizes para o desenvolvimento urbano, inclusive habitação, saneamento básico e transportes urbanos" (Brasil, 1988). A Constituição Cidadã, como ficou conhecida a Carta Magna de 1988, propõe a superação da noção de planejamento urbano pela adoção da ideia de gestão. Ela indica como os municípios devem proceder para solucionar problemas relacionados à habitação. Assim, seu art. 23 dispõe que "é competência comum da União, dos Estados, do Distrito Federal e dos Municípios: [...] promover programas de construção de moradias e a melhoria das condições habitacionais" (Brasil, 1988).

Além disso, no capítulo "Da Política Urbana", o art. 182, parágrafo 1º, estabelece que "O plano diretor, aprovado pela Câmara Municipal, obrigatório para cidades com mais de vinte mil habitantes, é o instrumento básico da política de desenvolvimento e de expansão urbana" (Brasil, 1988).

Esse é o principal instrumento jurídico que subsidia a luta por moradia e a possibilidade de amenizar as evidentes desigualdades de acesso ao solo urbano que se apresentam no cenário brasileiro. Entre seus avanços no campo do urbanismo, a Constituição determina no art. 182, parágrafo 4º, que é facultado ao Poder Público municipal, mediante lei específica para a área incluída no plano diretor, exigir do proprietário do solo urbano não edificado, subutilizado ou não utilizado que gere sua apropriada utilização, sob pena de:

> Art. 182. [...]
>
> [...]
>
> I – parcelamento ou edificação compulsórios;
>
> II – imposto sobre propriedade predial e territorial urbana progressivo no tempo;
>
> III – desapropriação com pagamento mediante títulos da dívida pública de emissão previamente aprovada pelo Senado Federal, com prazos de resgate de até dez anos, em parcelas anuais, iguais e sucessivas, assegurados o valor real de indenização e os juros legais. (Brasil, 1988)

A Lei n. 10.257, de 10 de julho de 2001 (Brasil, 2001b), que estabelece o Estatuto da Cidade, fez a regulamentação desses artigos. Esse documento tornou-se o principal instrumento legal para a construção de uma política urbana voltada à participação e ao controle social. Para compreender sua importância, basta observar que, em seu Capítulo 4 ("Da Gestão Democrática da Cidade"), essa lei institui os seguintes instrumentos de participação:

> Art. 43. [...]
>
> I – órgãos colegiados de política urbana, nos níveis nacional, estadual e municipal;
>
> II – debates, audiências e consultas públicas;
>
> III – conferências sobre assuntos de interesse urbano, nos níveis nacional, estadual e municipal;
>
> IV – iniciativa popular de projeto de lei e de planos, programas e projetos de desenvolvimento urbano. (Brasil, 2001b)

Trata-se de instrumentos que viabilizam a participação da comunidade, que assim se faz mobilizada e envolvida nas questões políticas que permeiam a discussão sobre as cidades. Mediante a participação nessas instâncias de debate e deliberação, torna-se mais viável a busca para fazer valer os direitos do cidadão.

Outro importante marco, desta feita dentro da configuração da Administração Pública federal, mas também destinado a atender às demandas que envolvem as políticas urbanas, foi a criação, em 2003, do Ministério das Cidades. Esse ministério rompeu com a fragmentação que existia na política setorial que envolvia a habitação, o saneamento, a mobilidade urbana e o transporte, promovendo uma integração que levasse em conta o uso e a ocupação do solo.

Além desses aspectos de ordem jurídica e administrativa, é indispensável destacar a importância dos Conselhos e das Conferências das Cidades como espaços de articulação e esclarecimento no que tange à política urbana (Tonella, 2013). As Conferências se configuram em realizações nas esferas municipais, estaduais e nacional. O Quadro 4.1, apresenta um panorama das Conferências Nacionais realizadas até o ano de 2013 e as principais contribuições de cada uma delas.

Quadro 4.1 – Conferências das Cidades e suas contribuições

Conferência	Principais contribuições
1ª Conferência (2003)	Produção de novas propostas para o desenvolvimento urbano. Eleição dos membros do Conselho Nacional das Cidades (ConCidades)
2ª Conferência (2005)	Produção de documento final com as seguintes propostas: • instituição dos Conselhos das Cidades nos municípios, no prazo máximo de um ano; • dotação orçamentária nos três níveis de governo, para viabilizar a participação dos conselheiros dos vários segmentos: movimento popular, organizações não governamentais (ONGs) e trabalhadores; • caráter deliberativo do ConCidades (garantido por lei).
3ª Conferência (2007)	136 propostas aprovadas nas plenárias, divididas em seis eixos: 1. as intervenções urbanas e a integração de políticas; 2. as intervenções urbanas e o controle social; 3. as intervenções urbanas e os recursos; 4. capacidade administrativa e estrutura institucional; 5. receitas municipais e ampliação de receitas próprias; 6. sistema nacional de desenvolvimento urbano.
4ª Conferência (2010)	Dividida em quatro eixos temáticos: 1. criação e implementação de Conselhos das Cidades, planos, fundos e seus conselhos nas esferas federal, estadual, municipal e do Distrito Federal; 2. aplicação do Estatuto da Cidade, dos planos diretores e a efetivação da função social da propriedade do solo urbano; 3. integração da política urbana no território: política fundiária mobilidade e acessibilidade urbana, habitação e saneamento; 4. relação entre os programas governamentais – como o PAC e o Minha Casa, Minha Vida – e a política de desenvolvimento urbano.
5ª Conferência (2013)	Estratégias para a construção do Sistema Nacional de Desenvolvimento Urbano (SNDU), sob a perspectiva da promoção da reforma urbana: • participação e controle social no SNDU; • Fundo Nacional de Desenvolvimento Urbano (FNDU); • instrumentos e políticas de integração intersetorial e territorial; • políticas de incentivo à implantação de instrumentos de promoção da função social da propriedade; • discussão sobre aspectos legais do desenvolvimento urbano para a concretização do SNDU.

Todos esses mecanismos demonstram que a política urbana brasileira, ao menos do ponto de vista jurídico, está estruturada de maneira consistente. Porém, quando se trata de operacionalizá-la democraticamente, as lacunas se revelam, pois aqueles que mais necessitam que sejam garantidos seus direitos não têm o alcance necessário para serem ouvidos e acabam ficando à mercê de práticas que persistem ao longo do tempo, apesar de todos os avanços na legislação, as quais vão do clientelismo ao tráfico de influências no jogo político. Esses dados, somados, tornam-se obstáculos para o êxito da política urbana.

Nesse contexto, não obstante todos os dispositivos legais construídos para nortear as políticas de moradia e de ocupação do espaço urbano, o Brasil continua tendo um grande déficit habitacional, mensurável não apenas em termos de número de moradias, mas principalmente quando se leva em consideração o total de famílias que residem sob condições impróprias ou inadequadas. Tais condições incluem, por exemplo, construções realizadas com material precário; situações de coabitação, de modo que mais de uma família reside em uma mesma residência; aluguel oneroso, comprometendo mais de 30% do rendimento familiar; adensamento excessivo, de forma que, por vezes, mais de três pessoas compartilham o mesmo quarto (Ipea, 2013).

O Gráfico 4.1 mostra o déficit habitacional em termos de número de domicílios que registram ao menos uma das condições descritas. Podemos observar que, embora haja uma alternância entre quedas e aumentos no déficit ao longo dos períodos considerados, em termos gerais ele persiste, uma vez que não se registram índices inferiores à faixa de cinco milhões de domicílios deficitários.

Gráfico 4.1 – Brasil – déficit habitacional (número de domicílios)

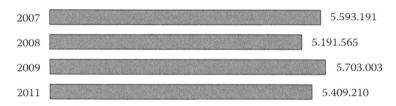

Fonte: Adaptado de Ipea, 2013.

Somente com o incremento governamental e o direcionamento de políticas verdadeiramente eficazes e sérias será possível vencer esse déficit. E não cabe pensar que só barreiras de ordem financeira são empecilhos para o desmonte do quadro habitacional deficitário brasileiro. É necessário também vontade política para resolver essas questões que há tanto tempo assolam a população brasileira e muitas vezes têm até ceifado vidas. Trata-se, sem dúvida, de uma questão social bastante séria e que precisa ser olhada com mais responsabilidade, para que nossa sociedade possa realmente caminhar para a democratização do acesso ao direito à habitação digna.

É bem verdade que algumas iniciativas nesse campo têm despontado na legislação brasileira, nas últimas décadas. Em 2005, por exemplo, foi aprovado no Senado Federal o Projeto de Lei n. 2.710/1992, que criou o Fundo Nacional de Moradia Popular (FNMP) e o Conselho Nacional de Moradia Popular (CNMP), representando uma grande conquista para as demandas de moradia social. Posteriormente, esse projeto foi convertido na Lei Federal n. 11.124, de 16 de junho de 2005 (Brasil, 2005a), a qual instituiu o Sistema Nacional de Habitação de Interesse Social (SNHIS) e o Fundo Nacional de Habitação de Interesse Social (FNHIS). Além disso, essa lei também implantou o Conselho Gestor do FNHIS. Essa tríade estabeleceu as condições legais necessárias para que a questão habitacional se consolidasse como política de Estado.

Posteriormente a essa resolução, foi estruturado o Plano Nacional de Habitação – PlanHab (Brasil, 2010c), no qual estão contidas as ações e medidas necessárias para conferir a devida consistência ao Sistema Nacional de Habitação (SNH). Já em 2007, os estados e os municípios formalizaram a adesão ao SNHIS, firmando, assim, o pacto de preparação dos respectivos planos de habitação de interesse social, e, em seguida, nomearam seus conselhos gestores, além de constituírem seus fundos habitacionais de interesse social.

Durante a primeira gestão do governo de Luís Inácio Lula da Silva (2003), a política habitacional passou por nova reestruturação, particularmente com a criação do Ministério das Cidades, cujo principal foco residia na inclusão da população privada do direito à cidade. Em 2004, foi aprovada a Política Nacional de Habitação (PNH), que criou o SNH, com a responsabilidade de executar o planejamento habitacional. Em 2005, houve o aumento dos investimentos para financiamento na área habitacional, centrados nas populações de baixa renda. Com o Programa de Aceleração do Crescimento (PAC), lançado em 2007, foi priorizado o investimento na área de infraestrutura e nos setores de saneamento, habitação e urbanização de assentamentos precários. Foi também lançado o Programa Minha Casa, Minha Vida, o qual continuou no governo de Dilma Rousseff (2011-2016).

A despeito dos sucessivos programas dedicados à habitação de interesse social, porém, os problemas relacionados às áreas urbanas brasileiras ainda não encontraram uma solução eficaz, principalmente pelo desequilíbrio na ocupação do espaço urbano, decorrente em grande parte da especulação imobiliária, que continua prevalecendo em detrimento da função social do solo das cidades. Trata-se, por certo, de problemas bastante antigos, os quais, mesmo com todos os instrumentos jurídicos implantados ao longo das últimas décadas, ainda carecem de resolução ou mesmo de equacionamento, visto ainda serem utilizados como estratégias políticas dos governantes. Para que a habitação de interesse social seja efetivamente concretizada, são necessárias políticas governamentais de combate à especulação imobiliária e de ocupação de imóveis vagos. Entretanto, nem sempre é interessante para os governantes – uma vez que alguns deles são financiados por empresários ligados ao setor imobiliário – assumir uma disposição política capaz de gerar políticas de cunho mais social.

4.1.2 Política de habitação social

Embora a Constituição de 1988 tenha estabelecido diretrizes com o objetivo de ordenar o desenvolvimento da função social das cidades de modo a preservar o bem-estar de seus habitantes, as políticas de uso do território urbano, de modo geral, ainda priorizam os interesses privados em detrimento dos interesses sociais. A esse respeito, Ermínia Maricato (1997, p. 39), uma das principais articuladoras do movimento que levou à inclusão em nossa Carta Magna do capítulo que trata da política urbana, afirma:

> De um lado estão os Planos Diretores, cuja eficácia se restringe às áreas do mercado imobiliário privado. Alguns urbanistas já admitem que a detalhada legislação de zoneamento contribua decisivamente para a carência habitacional e para a segregação urbana, na medida em que alimentou a relação de monopólio do capital imobiliário sobre localizações valorizadas. A convivência da regularização detalhista com vastas regiões ocupadas ilegalmente por favelas, loteamentos irregulares e cortiços, numa mesma cidade, como acontece em todas as capitais brasileiras, não é fruto do acaso. Por outro lado, os investimentos públicos obedecem à lógica secular dos interesses privados. Foi assim com o Banco Nacional da Habitação, entre 1964 e 1986. É assim com a grande maioria dos orçamentos municipais que priorizam, há décadas, o sistema viário destinado à circulação do automóvel.

Como é possível notar, continuam prevalecendo os interesses de uma minoria, aquela que é detentora da riqueza do país. Em contrapartida, os interesses dos menos favorecidos são sempre deixados de lado, de modo que, apesar da implantação de mecanismos de participação popular, ainda não se conseguiu superar a grande problemática urbana de alocar dignamente todas as populações.

A materialização da segregação espacial e social da sociedade brasileira torna-se mais evidente pelo aumento da população que reside em áreas irregulares, favelas e, muitas vezes, condomínios habitacionais que padecem de péssimas condições de infraestrutura e carecem de equipamentos públicos.

Esse panorama habitacional incide diretamente sobre a questão do meio ambiente. A falta de acesso à terra ocupa o centro da problemática habitacional da população de baixa renda brasileira. No entanto, de acordo com Gondim (2012, p. 117), "Tal dificuldade leva à ocupação e à degradação de áreas ambientalmente vulneráveis, mesmo que elas estejam protegidas pela legislação ambiental e urbanística".

A característica principal desse tipo de habitação é a precariedade dos serviços e equipamentos urbanos a que se tem acesso. Quando se trata de saneamento básico, essas construções com frequência encontram-se fora dos padrões de salubridade. Tais condições muitas vezes acabam por gerar um antagonismo entre habitação e meio ambiente, cujas consequências colocam as populações dessas áreas em condições de risco, sujeitas a sofrer as mais variadas intempéries, que podem resultar em perdas de vidas por inundações, deslizamentos de terras e desabamentos.

4.1.3 Atuação do Serviço Social diante das questões de habitação, saneamento e meio ambiente

A atuação do Serviço Social na política de habitação remonta ao trabalho comunitário baseia-se nos aportes teóricos do método do **desenvolvimento de comunidade**. Segundo essa concepção, o Serviço Social adotava a postura em que se defendia a ideia de que as populações empobrecidas das cidades, que se apropriavam de áreas urbanas de forma irregular deveriam ser mantidas fora das cidades – em outras palavras, coadunava-se com o pensamento higienista. Assim, o Serviço Social, na década de

1950 e no início dos anos 1960, adotava uma postura tutelar, em que se visava assistir as populações carentes para que estas se portassem adequadamente e convivessem com seus vizinhos. Porém, alguns profissionais já questionavam esse tipo de posicionamento (Gomes; Pelegrino, 2005).

No período de regime militar, houve uma tentativa por parte do Estado de desocupar favelas em algumas cidades. Os assistentes sociais foram chamados a atuar nesse processo, sob o juízo de que tal medida seria suficiente para sanar problemas relacionados à violência e à saúde. Assim, as famílias eram realocadas, mediante programa mantido pelo Banco Nacional de Habitação (BNH), para conjuntos habitacionais afastados, sem atendimento de serviços de infraestrutura. Contudo, a partir do Movimento de Reconceituação, que começou a se estruturar no Brasil em meados de 1960, os assistentes sociais passaram a discutir sua atuação profissional e a adotar posturas mais críticas em relação a ela.

Nesse contexto, em 1972, foi realizado o I Encontro Nacional dos Profissionais da Companhia de Habitação (Cohab). Nesse encontro foram definidas as diretrizes e a metodologia para o trabalho do Serviço Social na área da habitação. Já na década de 1980, em pleno processo de redemocratização brasileiro, os assistentes sociais estiveram envolvidos no Movimento Nacional de Reforma Urbana (MNRU) e tiveram participação no Fórum Nacional pela Reforma Urbana (FNRU), unidos aos movimentos sociais e a outras categorias profissionais, defendendo a democratização do acesso aos recursos da cidade, aos seus equipamentos públicos e à moradia digna.

Os assistentes sociais, assumindo então uma nova postura, iniciaram o trabalho de diálogo, conscientizaram as famílias acerca da necessidade de desocupar áreas que não eram próprias para moradia ou que representavam risco para o meio ambiente ou para a própria comunidade dos residentes. Assim, foram desenvolvidas ações que visavam à orientação ambiental e até mesmo programas voltados à geração de renda. A partir de 2003, já sob a égide do Ministério das Cidades, assumiu-se a determinação de fazer o trabalho social no âmbito dos programas habitacionais. Assim foi feito, por exemplo, no PAC 2007 (Paz; Taboada, 2010).

O trabalho social é especificado no Anexo V da Portaria n. 465, de 3 de outubro de 2011 (Brasil, 2011a), do Ministério das Cidades, a qual dispõe sobre as diretrizes gerais para aquisição e alienação de imóveis por meio da transferência de recursos ao Fundo de Arrendamento Residencial (FAR), no âmbito do Programa Nacional de Habitação Urbana (PNHU), integrante do Programa Minha Casa, Minha Vida. Nesse documento, é estabelecido o objetivo do trabalho social para o programa, qual seja:

> proporcionar a execução de um conjunto de ações de caráter informativo e educativo junto aos beneficiários, que promova o exercício da participação cidadã, favoreça a organização da população e a gestão comunitária dos espaços comuns; na perspectiva de contribuir para fortalecer a melhoria da qualidade de vida das famílias e a sustentabilidade dos empreendimentos. (Brasil, 2011a)

A portaria toma, ainda, como diretrizes a intersetorialidade na abordagem do trabalho social e a necessidade de articulação com as demais políticas públicas de inclusão social. Ela estabelece também as etapas do trabalho a ser realizado com as famílias que integram cada comunidade, que devem ser acompanhadas nas fases pré e pós-contratual.

Em 2014, o Ministério das Cidades publicou a Portaria n. 21, de 22 de janeiro de 2014 (Brasil, 2014c), que aprova o "Manual de Instruções do Trabalho Social", o qual instrui sobre o desenvolvido desse trabalho em todos os programas e ações desse ministério. O manual especifica as atribuições dos ministérios, detalha os eixos e o planejamento das suas ações e também elucida como deve ser desenvolvido o Projeto de Trabalho Social Preliminar (PTS-P). No que diz respeito à execução desse trabalho, oferece orientações sobre: o Projeto de Trabalho Social (PTS), o Plano de Desenvolvimento Socioterritorial (PDST), as fases de execução, a composição do investimento, a equipe técnica, além de regras para terceirizações e parcerias destinadas à execução do trabalho social, para o monitoramento e acompanhamento destas e para a avaliação que deverá ser realizada após a intervenção.

É importante destacar também que a portaria instrui sobre o perfil do responsável pela coordenação e execução do trabalho social:

> O Coordenador, que será Responsável Técnico pela execução do Trabalho Social, deverá compor o quadro de servidores do Proponente/Agente Executor, ter graduação em nível superior, preferencialmente em Serviço Social ou Sociologia, com experiência de prática profissional em ações socioeducativas em intervenções de saneamento e de habitação. (Brasil, 2014c)

De acordo com essa nova configuração, os assistentes sociais atuam nos programas de regularização urbanística e fundiária, de reassentamento e no Programa Minha Casa, Minha Vida, nos quais desenvolvem ações inseridos em equipes multidisciplinares que abrangem setores que vão desde as áreas de engenharia, financeira e comercial até a área do direito e outras. A presença do assistente social em equipes multidisciplinares fomenta o debate quanto à defesa de direitos de maneira democrática.

A importância do trabalho desenvolvido pelo Serviço Social se dá, principalmente, pela sua ligação com as comunidades e pelo seu conhecimento da realidade destas e dos sujeitos que mantêm relação com o mundo social e nele desenvolvem suas táticas de sobrevivência. É por manterem um convívio mais próximo com tais grupos que os assistentes sociais conseguem os dados necessários para estabelecer diálogos com os responsáveis pelo desenvolvimento de políticas. Esse conhecimento da realidade é essencial para que sejam efetivados estudos e diagnósticos necessários para a elaboração de políticas de forma eficaz.

No que diz respeito à questão ambiental, a atuação profissional se pauta por uma concepção que assume tal questão como um problema que tem caráter essencialmente político e social. É político por depender de ações e decisões políticas, mas também por estar vinculado ao modo como as pessoas se relacionam com o meio natural. É social pois o ser humano se estabelece e se organiza nesse espaço em convivência com os demais seres vivos. Assim, "Sob essa perspectiva, relacionando-a com os processos sociais e políticos, faz-se uso do termo 'questão socioambiental', para não limitá-la tão somente à relação entre flora e fauna" (Sauer; Ribeiro, 2012, p. 391).

A questão socioambiental pode ser entendida como consequência dos condicionantes políticos sociais e econômicos a que as comunidades estão sujeitas. Assim, a atuação profissional do Serviço Social deve se dar na relação entre o espaço da habitação e os recursos disponíveis para atender às demandas sociais. Essas demandas socioambientais, por sua vez, manifestam-se em questões que se relacionam com a saúde, a habitação, a assistência social, entre outras.

Seja qual for a política setorial associada à questão socioambiental, o assistente social é chamado a nela intervir e, por se tratar de espaço de atuação recente, esse profissional é constantemente desafiado a atualizar e assimilar essas novas demandas. Atuar profissionalmente nessa área sugere um pensamento voltado para o alcance das questões ambientais envolvidas, sempre cogitando como desenvolver ações que levem ao conhecimento das políticas sociais. Nessa área específica, é de grande importância conhecer as políticas nacionais do meio ambiente e outros instrumentos relacionados ao tema, como o **estudo de impacto ambiental (EIA)** e as legislações do Conselho Nacional do Meio Ambiente (Conama). A tônica é que se deve direcionar a atuação profissional do assistente social à integração entre direitos ambientais e direitos sociais.

> **Questão para reflexão**
>
> 1. Mencionamos que o Estatuto das Cidades tornou-se o principal instrumento legal para a construção de uma política urbana voltada à participação e ao controle social. Nesse sentido, esse dispositivo legal foi pensado também como forma de viabilizar a participação popular. Comente os principais mecanismos que possibilitam a participação da população nessa política.
>
> **Dica**: lembre-se de que o Capítulo 4 do Estatuto das Cidades estabelece quais são os instrumentos de participação.

4.2 As políticas públicas de igualdade racial

No início do século XX, as elites econômicas brasileiras alimentavam a ambição de desenvolvimento econômico e social e idealizaram que o cumprimento desse objetivo só seria possível se a sociedade experimentasse um crescimento numérico do povo branco, pois acreditavam que a mistura de raças ocasionava o que entendiam como uma "degeneração". Assim, as elites econômicas, aliadas à elite política, desenvolveram ações estatais que atendiam a esse ideário de branqueamento. Desenvolveu-se no Brasil, por exemplo, uma política que incentivava a entrada de imigrantes provenientes da Espanha, da Alemanha, da Itália e de Portugal. Com o incentivo à imigração europeia, os eugenistas tinham certeza de que o país conseguiria atingir o desígnio por eles proposto de alcançar o branqueamento de seu povo. Foi nesse contexto que, no ano de 1912, o médico e antropólogo João Batista Lacerda aventurou-se a propagar sua previsão de que "no ano de 2012 a realidade populacional brasileira seria de 80% de brancos, 3% de mestiços e 17% de índios e que a população negra desapareceria" (Telles, 2003, p. 46).

Como podemos inferir com base nessas informações, as elites brancas tomavam a si próprias como modelo de perfeição, o que serviu para fortalecer o autoconceito do grupo branco como predominante e, em contrapartida, impor a inferiorização dos demais. Essa atitude, que podemos considerar como uma apropriação simbólica de superioridade, acabou repercutindo na economia, na política e na vida social como um todo. Além disso, para fortalecer essa prerrogativa de superioridade, fomentou-se a construção de uma imagem estigmatizada e estereotipada do negro, ao qual foram atribuídas características negativas.

Essa ideologia de branqueamento, como teoria hegemônica da sociedade, foi posteriormente substituída por teorias que colocaram em cena questões ligadas ao culturalismo brasileiro e que, no entanto, acabaram por fortalecer as desigualdades. De todo modo, é necessário reconhecer que a teoria do branqueamento trouxe sérios prejuízos à sociedade brasileira. O ideal do branqueamento ainda ronda o imaginário de toda a nossa sociedade, visto que é possível identificar resquícios, no inconsciente brasileiro, do conceito de que a raça branca seria "superior", o que tem, por vezes, dificultado a busca por uma identidade que reconheça sua própria "negritude e mestiçagem" (Munanga, 2008, p. 15-16).

A consolidação da teoria culturalista iniciou-se na década de 1930. Seu principal articulador foi Gilberto Freyre, com sua obra *Casa grande & senzala*. Seu aporte básico foi a novidade de valorizar as "matrizes genéticas e os hábitos culturais originários que formavam o povo brasileiro" (Paixão, 2013, p. 121).

Em *Casa grande & senzala,* Freyre expõe a história do mundo agrário do Nordeste do Brasil, com suas plantações de cana-de-açúcar e seu modo de produção escravista. Destaca a vida entre índios, escravos e senhores de engenho, que, segundo o autor, constituía uma relação harmoniosa. Para Freyre, a composição do povo brasileiro se deu de forma pacífica e harmônica entre as três culturas que a constituíram. Além disso, o sociólogo disseminou a ideia de que o Brasil estaria imune ao racismo que afligia outros países, uma distinção que, uma vez sugerida por Freyre, foi pretexto de orgulho nacional. Sua teoria alcançou "status científico, literário e cultural que duraria pelo menos até a década de 80" (Telles, 2003, p. 50-51).

A teoria que nega a existência do racismo no Brasil tornou-se nociva à medida que serviu para consolidar o conceito de *democracia racial*, que mais tarde passou a ser identificado como mito por pesquisadores sérios das ciências sociais (como Kalengele Munanga; Marcelo Paixão e Edward Telles). O racismo deve ser enfrentado como fenômeno ideológico, portanto repleto de conotações e representações simbólicas, uma vez que encontra muita força em forma de expressões que se consolidam nas práticas usuais, de modo rotineiro, o que torna muito difícil combatê-lo (Hofbauer, 2006).

No final dos anos de 1970 e início da década de 1980, nova luz foi lançada sobre a temática. Dados censitários, analisados sob o olhar de pesquisadores atentos à temática racial, revelaram o quadro de desigualdade racial que estava, e ainda está, presente na sociedade brasileira. Seguindo essa linha, Carlos Hasenbalg e Nelson Valle Silva desenvolveram uma teoria em que defendem que o capitalismo impôs novo papel para o preconceito e a discriminação racial. No livro *Discriminação e desigualdades raciais no Brasil*, publicado em 1979, Hasenbalg (2005) sustenta que o povo negro foi destituído dos bens materiais e simbólicos por meio da exploração de classe, aliada à opressão racial. Recorrendo aos números provenientes das pesquisas demográficas, o sociólogo argentino radicado no Brasil demonstrou que o critério racial é importante e seletivo para o acesso, ou não, à educação e ao trabalho.

O ar mais democrático que sopra a partir do movimento da Assembleia Constituinte serviu para arejar o espaço legalmente estabelecido, que passou a propiciar possibilidades de progresso a grupos organizados da sociedade. Os movimentos negros, que já atuavam como força política na edificação desse andamento democrático, começaram então sua empreitada de combate à desigualdade racial. Esses movimentos, reunidos a diferentes segmentos sociais, expandiram a discussão sobre a necessidade de implementar políticas de ação afirmativas, com vistas ao combate às desigualdades. No dia 20 de abril de 1995, ocorreu a Marcha Zumbi dos Palmares contra o Racismo, pela Cidadania e a Vida. Essa marcha simbolizou um marco, pois fez com que a discussão racial entrasse na agenda governamental. As denúncias apresentadas ao governo pelo movimento foram posteriormente convertidas em programas de ação e resultaram em propostas de combate ao racismo e desenvolvimento de ações afirmativas, como as que possibilitaram o acesso de estudantes negros a cursos profissionalizantes e universidades, bem como a áreas de tecnologia de ponta[1]. A marcha foi importante, sobretudo, por colocar em pauta as propostas que se tornariam norteadoras da área educacional dos movimentos negros contemporâneos: "a discussão sobre implementação de políticas de ação afirmativas para negros [...] [que] surgem como propostas daqueles movimentos para a população negra" (Santos, 2014, p. 151). Portanto, as políticas afirmativas devem ser avaliadas como um legado dos movimentos negros.

Em 2000, também como fruto da luta dos movimentos sociais negros, foi elaborado um projeto de lei que apresentava a proposta de um estatuto para a população negra brasileira. Após uma década de tramitação, em que foram realizadas alterações no documento, em meio a muita polêmica, o **Estatuto da Igualdade Racial** foi aprovado em 2010.

A criação desse estatuto, que contém especificidades direcionadas a esse segmento populacional, visa principalmente ao reconhecimento da situação vulnerável em que seus integrantes se encontram. As expectativas são que, com ele, a população negra possa ter melhores condições de acesso à saúde, à moradia, à educação e, consequentemente, ocupar melhores posições no mercado de trabalho.

----

1 Para aprofundar-se no estudo acerca das propostas do Programa de Superação do Racismo e da Desigualdade Racial, veja o documento produzido pela Executiva Nacional da Marcha Zumbi (1996).

No título referente às suas disposições preliminares, o Estatuto da Igualdade Racial oferece as definições de termos importantes para a discussão desse tema:

> Art. 1º [...]
>
> Parágrafo único. Para efeito deste Estatuto, considera-se:
>
> I – **discriminação racial ou étnico-racial**: toda distinção, exclusão, restrição ou preferência baseada em raça, cor, descendência ou origem nacional ou étnica que tenha por objeto anular ou restringir o reconhecimento, gozo ou exercício, em igualdade de condições, de direitos humanos e liberdades fundamentais nos campos político, econômico, social, cultural ou em qualquer outro campo da vida pública ou privada;
>
> II – **desigualdade racial**: toda situação injustificada de diferenciação de acesso e fruição de bens, serviços e oportunidades, nas esferas públicas e privadas, em virtude de raça, cor, descendência ou origem nacional ou étnica;
>
> III – **desigualdade de gênero e raça**: assimetria existente no âmbito da sociedade que acentua a distância social entre mulheres negras e os demais segmentos sociais;
>
> IV – **população negra**: o conjunto de pessoas que se autodeclaram pretas e pardas, conforme o quesito cor ou raça usado pela Fundação Instituto Brasileiro de Geografia e Estatística (IBGE), ou que adotam autodefinição análoga;
>
> V – **políticas públicas**: as ações, iniciativas e programas adotados pelo Estado no cumprimento de suas atribuições institucionais. (Brasil, 2010b, grifo nosso)

Essas definições são importantes para que se tenha entendimento da importância da criação de um estatuto específico para esse grupo populacional e para determinar quem faz parte dele. O documento trata, ainda, das garantias de direitos fundamentais, como saúde, educação, cultura, esporte e lazer. No Título II, Capítulo III, estabelece o direito à liberdade de consciência e de crença e ao livre exercício dos cultos religiosos. No Capítulo I do Título III, institui o Sistema Nacional de Promoção da Igualdade Racial (Sinapir), que tem como objetivos:

Art. 48. [...]

I – promover a igualdade étnica e o combate às desigualdades sociais resultantes do racismo, inclusive mediante adoção de ações afirmativas;

II – formular políticas destinadas a combater os fatores de marginalização e a promover a integração social da população negra;

III – descentralizar a implementação de ações afirmativas pelos governos estaduais, distrital e municipais;

IV – articular planos, ações e mecanismos voltados à promoção da igualdade étnica;

V – garantir a eficácia dos meios e dos instrumentos criados para a implementação das ações afirmativas e o cumprimento das metas a serem estabelecidas. (Brasil, 2010b)

As conquistas aqui apresentadas são importantes, pois esse estatuto inicia o processo de fundamentação legal para o estabelecimento de ações afirmativas. No entanto, há ainda muitas ações e possibilidades a serem empreendidas e exploradas na esfera governamental, visto que algumas determinações contidas nesse documento ainda não foram de fato implementadas (Silva, 2013).

Outra conquista fundamental, ainda que anterior ao Estatuto, foi a criação, em 2003, da Secretaria de Políticas de Promoção da Igualdade Racial (Seppir), da Presidência da República. Essa secretaria, criada no governo Lula, foi estabelecida para atender às seguintes finalidades:

- Formulação, coordenação e articulação de políticas e diretrizes para a promoção da igualdade racial;
- Formulação, coordenação e avaliação das políticas públicas afirmativas de promoção da igualdade e da proteção dos direitos de indivíduos e grupos étnicos, com ênfase na população negra, afetados por discriminação racial e demais formas de intolerância;
- Articulação, promoção e acompanhamento da execução dos programas de cooperação com organismos nacionais e internacionais, públicos e privados, voltados à implementação da promoção da igualdade racial;
- Coordenação e acompanhamento das políticas transversais de governo para a promoção da igualdade racial;

- Planejamento, coordenação da execução e avaliação do Programa Nacional de Ações Afirmativas;
- Acompanhamento da implementação de legislação de ação afirmativa e definição de ações públicas que visem o cumprimento de acordos, convenções e outros instrumentos congêneres assinados pelo Brasil, nos aspectos relativos à promoção da igualdade e combate à discriminação racial ou étnica. (Brasil, 2017)

Ao longo dos últimos anos, essa secretaria, que já teve *status* de ministério, vem sofrendo algumas mudanças administrativas e foi vinculada ao Ministério das Mulheres, da Igualdade Racial, da Juventude e dos Direitos Humanos, com *status* de secretaria. Hoje, mesmo após determinações governamentais ocorridas no dia 12 de maio de 2016[2], a Seppir continua a existir, na condição de Secretaria Especial de Políticas de Promoção da Igualdade Racial, embora tenha passado a ser vinculada ao Ministério da Justiça e Cidadania. Desde 2010, a Seppir utiliza como código político o Estatuto da Igualdade Racial, que norteou a preparação do Plano Plurianual (PPA 2012-2015), resultando na elaboração do programa intitulado *Enfrentamento ao Racismo e Promoção da Igualdade Racial*. Derivou também na anexação desses temas em 25 outros programas, somando 121 metas, 87 iniciativas e 19 ações orçamentárias, em distintas áreas de ação governamental (Brasil, 2017).

A questão racial, como é possível perceber, ainda é uma situação que precisa ser superada pela sociedade brasileira. O Serviço Social tem dado pouca visibilidade para essa questão, principalmente em suas áreas de formação profissional.

Enfatizamos que o projeto ético-político da profissão já preconiza a necessidade de reflexão e do estabelecimento de estratégias que visem à inclusão dessa temática, para que o enfrentamento das assimetrias sociais causadas pelo racismo seja possível. É dever

---

2 Referimo-nos aqui a determinações do governo interino do então Vice--Presidente Michel Temer. A Presidenta Dilma Rousseff passava, naquele período, por um processo de *impeachment*. No final de agosto de 2016, consolidou-se o *impeachment* e Dilma foi afastada da Presidência da República. Michel Temer, por sua vez, tornou-se presidente do Brasil.

profissional a busca de ferramentas técnico-operativas e de instrumentos que concretizem o compromisso ético e político pela consolidação de uma sociedade democrática, justa e igualitária, que respeite realmente as diferenças (Rocha, 2009, p. 557).

Portanto, é essencial a superação das assimetrias que condicionam homens e mulheres negras a condições de subalternidade. Construir uma ação social eficaz implica "a efetivação de um processo revolucionário diante da hegemonia do capital na totalidade da produção social, desenvolvida ao lado da economia, no campo da política, da cultura e da educação e ainda da dimensão simbólica" (Dias, 2015, p. 329).

Por isso é muito importante que a formação profissional do assistente social volte o olhar para a questão do racismo e para as demais questões simbólicas que provocam desigualdades e que continuam presentes na sociedade brasileira, como a das relações étnico-raciais e a de gênero. Somente dessa forma será possível enxergar além da relação de estrutura de classes. Assim, como afirma Dias (2015, p. 329),

> É preciso ir muito além dos discursos e mover o recalque que mascara a sociedade dos privilégios, mas que na verdade, mantém tudo exatamente no mesmo lugar que sempre esteve e assim, superar ideologias como o mito da democracia racial no Brasil e toda a manipulação engendrada para a sua manutenção e efetivação.
>
> Descolonizar o conhecimento é tarefa difícil, porém, essencial também, deve ser ir para além das aparências e olhar com lente de aumento para a intrínseca relação que existe entre o racismo e a estrutura de classes.

Somente com o conhecimento histórico da constituição da sociedade brasileira será possível vencer as barreiras ideológicas que nos foram apresentadas como determinantes e geraram grandes desigualdades raciais. Por isso, uma atuação que busque a eliminação de qualquer forma de discriminação e a garantia de direitos precisa se pautar pela defesa de uma sociedade em que vigore o princípio da justiça social. Para que isso seja possível, o assistente social que trabalhar sob essa perspectiva deve procurar aprofundar seu saber sobre tudo o que envolve a questão das relações raciais no Brasil, para, com base nesse conhecimento, procurar atuar de forma a contribuir para uma sociedade mais justa e democrática.

Questão para reflexão

1. Ao analisarmos a questão da igualdade racial, identificamos ideologias que perpassam teorias raciais que apontam a irreal superioridade de uma raça sobre a outra, gerando mecanismos de preconceito e desigualdades raciais. No texto, abordamos duas teorias responsáveis por perpetuar essa realidade. Quais são essas teorias? E qual é sua opinião sobre elas?

   Dica: lembre-se de que uma teoria leva em consideração, equivocadamente, a cor e a outra, a falácia da harmonia.

4.3 As políticas públicas de enfrentamento da violência

A violência é considerada uma questão social relacionada à área da saúde pública. Diante do expressivo número de vítimas e da dimensão das consequências físicas e emocionais, em 1993 a Organização Pan-Americana de Saúde (Opas) relacionou, mundialmente, a violência à saúde pública e à violação de direitos humanos, com repercussões sociais. Trata-se, afinal, de um fenômeno que incide diretamente na longevidade dos indivíduos e das populações. Sob essa perspectiva, essa questão social demanda a implantação de políticas públicas e serviços que atendam aos casos de violência e que também executem ações para preveni-los.

É necessário, ainda, levar em conta que a violência atinge vários segmentos sociais. Há setores, porém, que, em virtude da grande ocorrência de situações de violência e abuso, demandaram políticas específicas para seu enfrentamento. Por esse motivo, foram desenvolvidas políticas para o enfrentamento da violência contra mulheres, crianças, adolescentes, idosos e jovens negros. Analisaremos essas políticas separadamente, mas de maneira sucinta, ainda que com as devidas orientações para que seja possível encontrar mais informações que permitam o aprofudamento do estudo sobre os temas em questão.

4.3.1 Enfrentamento da violência contra a mulher

O movimento feminista brasileiro foi o responsável por demandar do Estado a constituição de políticas que tivessem como eixo o combate à violência contra as mulheres. Trata-se de conquistas que datam da década de 1980. No ano de 1985, no auge do período que foi denominado *Década da Mulher*, conforme Declaração da Organização das Nações Unidas (ONU), foi instaurada a primeira delegacia específica para a defesa da mulher, no Estado de São Paulo. Nesse mesmo ano, foi instituído o Conselho Nacional dos Direitos da Mulher (CNDM), estabelecido pela Lei n. 7.353, de 29 de agosto de 1985 (Brasil, 1985). Em 1986, também no Estado de São Paulo, foi instituída a primeira casa-abrigo para mulheres em situação de risco de morte. Essas foram as principais conquistas na esfera pública para a garantia do direito das mulheres no enfrentamento da violência. Aliás, podemos considerar que, até 2002, essas foram as principais linhas de combate à violência contra as mulheres, em que se destacava a questão da segurança pública e da assistência social.

Em 2002, foi criada a Secretaria de Estado de Direitos da Mulher e o Programa Nacional de Combate a Violência contra a Mulher. No entanto, somente em 2003, por meio da implantação da Secretaria Especial de Políticas para as Mulheres (SPM), os serviços dedicados ao enfrentamento da violência contra as mulheres iniciaram um trabalho que contou com maiores investimento e com capacidade para a ampliação dessas políticas. Foi também a partir desse momento que tais serviços puderam contar com a possibilidade de desenvolver novos órgãos, como os centros de referência e as Defensorias da Mulher, e também de propor a criação de redes[3] de atendimento para prestar a devida assistência para as mulheres em situação de violência.

O ano de 2004 representou um marco para a consolidação dessas conquistas, pois, com a realização da I Conferência Nacional de Políticas para Mulheres (I CNPM) e a elaboração coletiva do Plano Nacional de Políticas para Mulheres, materializou-se o eixo de enfrentamento da violência contra as mulheres, com o estabelecimento de ações a ele dirigidas durante o período 2004-2007. Dessa forma, ocorreu a ampliação da atuação estatal para além das fronteiras da segurança e da assistência social, alcançando distintas esferas do Estado.

A violência contra a mulher apresenta-se de diversificadas formas. Dentro do ambiente familiar, essa violência pode ser de ordem psicológica, física, sexual, patrimonial e moral. Outras formas de violência que atingem a população feminina são a exploração sexual, a violência institucional, o assédio moral e, de maneira perversa, o tráfico de mulheres.

Alguns marcos podem ser citados como importantes para o fortalecimento da política de enfretamento da violência contra a mulher. O mais popular deles é a Lei n. 11.340, de 7 de agosto de 2006, conhecida como **Lei Maria da Penha** (Brasil, 2006c). Essa lei estabelece estratégias para o enfrentamento da violência doméstica e familiar e determina que a assistência às mulheres que se encontram nessas situações deve se dar em consonância

---

3 "O conceito de rede de enfrentamento à violência contra as mulheres diz respeito à atuação articulada entre as instituições/serviços governamentais, não governamentais e a comunidade, visando ao desenvolvimento de estratégias efetivas de prevenção e de políticas que garantam o empoderamento e construção da autonomia das mulheres, os seus direitos humanos, a responsabilização dos agressores e a assistência qualificada às mulheres em situação de violência" (Brasil, 2011b, p. 13).

com as diretrizes e princípios da Lei Orgânica da Assistência Social (Loas), bem como do Sistema Único de Saúde (SUS) e do Sistema de Segurança Pública (SSP).

Outro importante marco para o enfrentamento da violência contra a mulher foi a instauração do **Pacto Nacional pelo Enfrentamento da Violência contra as Mulheres**, firmado em 2007. Por meio desse pacto, materializou-se a atuação da rede de forma articulada. Assim, o atendimento estatal avançou no que diz respeito aos atendimentos emergenciais e passou a incluir serviços em áreas essenciais, como o apoio a projetos educacionais e culturais de finalidade preventiva, além de ampliar a possibilidade de acesso das mulheres em situação de violência aos serviços de segurança pública e à justiça. No âmbito da justiça, a atuação do Ministério Público é importante na medida em que realiza fiscalização da rede de atendimento e também tem a competência de cobrar que os entes federados (municípios, estados e Federação) viabilizem políticas públicas que ensejem o combate à violência contra as mulheres.

O Quadro 4.2, identifica os principais serviços especializados de atendimento à mulher. Esses atendimentos, além de exclusivos, contam com especialistas na questão da violência contra mulheres.

Quadro 4.2 – Principais serviços especializados de atendimento à mulher

Serviços	Descrição
Centros de Referência de Atendimento à Mulher	Acolhimento/atendimento psicológico e social, encaminhamento jurídico da mulher em situação de violência.
Casas-abrigo	Ambientes seguros que oferecem moradia com proteção e atendimento integral a mulheres em risco de morte iminente por conta de violência doméstica. Característica: sigiloso e temporário
Casas de Acolhimento Provisório	Serviços de abrigamento temporário (com duração até 15 dias), não sigilosos, nos quais a mulher pode ficar acompanhada ou não dos filhos.

(continua)

(Quadro 4.2 – conclusão)

Serviços	Descrição
Delegacias Especializadas de Atendimento à Mulher (DEAMs)	Unidades especializadas da Polícia Civil para atendimento às mulheres em situação de violência. Característica: tem caráter preventivo e repressivo.
Núcleos ou Postos de Atendimento à Mulher nas Delegacias Comuns	Deve contar com atendimento realizado por equipe especializada, mesmo em delegacias comuns.
Defensorias da Mulher	Têm o objetivo de prestar assistência jurídica, orientar e encaminhar as mulheres em situação de violência.
Juizados de Violência Doméstica e Familiar contra a Mulher	Órgãos da Justiça Ordinária que podem conduzir processo, julgamento e execução de causas decorrentes da prática de violência doméstica e familiar contra a mulher.
Serviços de saúde voltados ao atendimento dos casos de violência sexual e doméstica	Serviços da área da saúde conduzidos por meio da Norma Técnica de Prevenção e Tratamento dos Agravos Resultantes da Violência Sexual contra Mulheres e Adolescentes.

Fonte: Elaborado com base em Brasil, 2011b.

Esses serviços são cruciais e fornecem apoio às mulheres que se encontram em situação de violência. Outros serviços são ofertados de forma não exclusiva a mulheres, mas atuam também no atendimento a estas e no enfrentamento da violência. O Quadro 4.3 apresenta esses serviços de ordem mais geral.

Quadro 4.3 – Serviços de atendimento geral

Serviços	Descrição
Centros de Referência da Assistência Social (Cras)	Unidades públicas que realizam a organização e a oferta de serviços de proteção social básica geridos pelo Sistema Único de Assistência Social (SUAS).

(continua)

(Quadro 4.3 – conclusão)

Serviços	Descrição
Centros de Referência Especializados em Assistência Social (Creas)	Serviços de proteção e atendimento especializado a famílias e indivíduos. Presta serviços de apoio, orientação e acompanhamento a famílias com um ou mais de seus membros em situação de ameaça ou violação de direitos.
Postos de Atendimento Humanizado nos aeroportos	Serviços de atendimento/acolhida aos migrantes em situação de violência.
Núcleo da Mulher da Casa do Migrante	Serviço de atendimento à migrante em trânsito, que tem como principal atribuição prestar informações quanto à obtenção de documentação, aos direitos e deveres do migrante, entre outros.

Fonte: Elaborado com base em Brasil, 2011b.

Esses serviços, mesmo que gerais, devem ser prestados por profissionais que estejam capacitados a agir no enfrentamento da violência. Nessas esferas institucionais, públicas ou não, os profissionais do Serviço Social atuam e devem buscar agir de acordo com o Código de Ética Profissional, buscando sempre a garantia dos direitos dos cidadãos e das cidadãs.

4.3.2 Enfrentamento da violência contra crianças, adolescentes e idosos

A desigualdade social que caracteriza a sociedade brasileira, constitui-se em uma forma de violência estrutural e é responsável pelo desenvolvimento da violência interpessoal, nos variados segmentos sociais, principalmente no meio familiar. A violência doméstica insere-se na esfera familiar, mas está compreendida no âmbito de uma conjuntura cultural e socioeconômica que acaba por influenciar comportamentos agressivos entre os familiares. Tais comportamentos por vezes se repetem, perpetuando situações de abandono e exploração e criando um

círculo vicioso, do qual as crianças se tornam as maiores vítimas (Costa et al., 2007). Estudos apontam que a violência contra crianças tem maior incidência nos locais e com pessoas que deveriam oferecer segurança. Assim, é nos ambientes familiar, educacional, assistencial, na comunidade e nos sistemas assistenciais de justiça que ocorrem os casos de violência contra a criança, geralmente cometidos por familiares, professores ou pessoas próximas, da relação familiar (ONU, 2006).
Para conceituarmos a violência contra crianças e adolescentes, buscamos a definição de Minayo (2001, p. 92), que identifica as principais nuances dessa violência, a qual pode apresentar-se de formas diferenciadas:

> a violência contra a criança e o adolescente é todo ato ou omissão cometidos por pais, parentes, outras pessoas e instituições, capazes de causar dano físico, sexual e/ou psicológico à vítima. Implica, de um lado, numa transgressão no poder/dever de proteção do adulto e da sociedade em geral; e de outro, numa coisificação da infância. Isto é, numa negação do direito que crianças e adolescentes têm de serem tratados como sujeitos e pessoas em condições especiais de desenvolvimento.

Como vimos no trecho citado acima, uma das formas de violência contra a criança é a violência sexual. Na sociedade brasileira, esse tema ganhou força política com o estabelecimento do **Estatuto da Criança e Adolescente (ECA)**. Em decorrência da implantação desse dispositivo legal, foram criados organismos, governamentais ou não, com o propósito de consolidar uma política que respondesse aos movimentos sociais e políticos empenhados na busca de garantir os direitos das crianças e dos adolescentes. Um desses organismo foi o Conselho Nacional dos Direitos da Criança e do Adolescente (Conanda), órgão colegiado permanente e deliberativo ao qual compete propor e promover políticas dirigidas à criança e ao adolescente.
Na esteira do ECA, foi realizada a implantação de um sistema de segurança e justiça com vistas a atender especificamente a criança e o adolescente. Foram criados Juizados da Infância e da Juventude,

bem como foram instituídos núcleos especializados no interior do Ministério Público, além de delegacias especializadas.

O **Plano Nacional de Enfrentamento da Violência Sexual Infanto Juvenil** foi um dos marcos essenciais para o combate da violência sexual contra crianças. Esse plano já passou por várias fases de amadurecimento desde o ano 2000.

Podemos também destacar que, em 2010, aconteceu outro marco significativo para essa política: trata-se do estabelecimento do **Plano Decenal de Direitos Humanos de Crianças e Adolescentes**. Esse plano reuniu os temas setoriais e criou um instrumento único de direção das políticas de proteção, cujo foco é a atuação articulada. No Plano Nacional de Enfrentamento da Violência Sexual contra Crianças e Adolescentes de 2013, foi apresentado um quadro detalhado das ações a serem desenvolvidas, as quais foram divididas em eixos de ação articulados às diretrizes e aos eixos do Plano Decenal. O Quadro 4.4 apresenta um resumo dos eixos temáticos e objetivos desse plano.

Quadro 4.4 – Quadro de ações do Plano Nacional de Enfrentamento da Violência Sexual contra Crianças e Adolescentes

Eixo	Objetivo
Prevenção	"Assegurar ações preventivas contra o abuso e/ou exploração sexual de crianças e adolescentes, fundamentalmente pela educação, sensibilização e autodefesa."
Atenção	"Garantir o atendimento especializado, e em rede, às crianças e aos adolescentes em situação de abuso e/ou exploração sexual e às suas famílias, realizado por profissionais especializados e capacitados, assim como assegurar atendimento à pessoa que comete violência sexual, respeitando as diversidades de condição étnico-racial, gênero, religião cultura, orientação sexual etc."
Defesa e Responsabilização	"Atualizar o marco normativo sobre crimes sexuais, combater a impunidade, disponibilizar serviços de notificação e responsabilização qualificados."

(continua)

(Quadro 4.4 – conclusão)

Eixo	Objetivo
Participação e Protagonismo	"Promover a participação ativa de crianças e adolescentes pela defesa de seus direitos na elaboração e execução de políticas de proteção."
Comunicação e Mobilização Social	"Fortalecer as articulações nacionais, regionais e locais de enfrentamento e pela eliminação do abuso e/ou exploração sexual, envolvendo mídia, redes, fóruns, comissões, conselhos e outros."
Estudos e Pesquisas	"Conhecer as expressões do abuso e/ou exploração sexual de crianças e adolescentes por meio de diagnósticos, levantamento de dados, estudos e pesquisas."

Fonte: Elaborado com base em Brasil, 2013f.

A política para o enfrentamento da violência sexual contra crianças e adolescentes estruturou-se de forma a dar respostas a questões que se apresentam diante desse tipo de violência. Porém, somente com mobilizações e o monitoramento da sociedade civil será possível obter o comprometimento político necessário para a execução dessas ações.

No caso do enfrentamento da violência contra idosos, o tema tornou-se relevante, por ser expressiva na sociedade brasileira essa forma de violência. As formas mais constantes de expressão dessa violência estão registradas na esfera das instituições de saúde e assistência social. As denúncias mais comuns dizem respeito a maus-tratos, impessoalidade, negligências, abusos, preconceitos, discriminação, problemas de espaço físico. A prática de violência contra idosos se alimenta de uma cultura que permeia o imaginário social que relaciona a velhice à "decadência" humana.

As políticas públicas desenvolvidas para o atendimento das pessoas idosas, que examinamos no Capítulo 3, já demonstram a preocupação com a temática da violência contra idosos. Mas, de modo semelhante ao que se deu quanto à violência contra mulheres, crianças e adolescentes, também já se enseja um plano de ação para o enfrentamento da violência contra idosos.

A concretização do **Plano de Ação para o Enfrentamento da Violência contra a Pessoa Idosa** teve a contribuição do Conselho Nacional dos Direitos do Idoso (CNDI), e também dos movimentos sociais, aliados à vontade política governamental. O plano, lançado em 2005, propõe estratégias e ações que visam ao acompanhamento da política de enfrentamento da violência contra a pessoa idosa, desde seu planejamento até a avaliação das etapas de execução e das ações de prevenção que devem ser efetivadas. Na prática, esse plano reforçou a política de promoção e defesa dos direitos da população idosa brasileira.

Em 2014, foi lançado pelo governo federal o *Manual de enfrentamento à violência contra a pessoa idosa*. A publicação traz, em sua Primeira Parte, uma contextualização da situação da população idosa brasileira e de seu processo de crescimento populacional – o qual abordamos no Capítulo 3 – e acrescenta uma análise de como a população brasileira, de modo geral, vê esse crescimento e a revolução da pessoa idosa.

Em sua Segunda Parte, o manual traz uma exposição das situações de violência que as pessoas idosas sofrem com mais frequência. Essas manifestações, são classificadas em visíveis e invisíveis: "As visíveis são as mortes e lesões; as invisíveis são aquelas que ocorrem sem machucar o corpo, mas provocam sofrimento, desesperança, depressão e medo" (Brasil, 2014e, p. 37).

Além de apresentar dados estatísticos que demonstram fartamente a extensão da violência sofrida por esse segmento populacional, o manual propõe, particularmente em sua Terceira Parte, estratégias de ação para o enfrentamento desse grave problema. As estratégias ali propostas (Brasil, 2014e) podem ser sintetizadas em sete medidas principais:

1. Investir numa sociedade para todas as idades.
2. Priorizar os direitos da pessoa idosa, segundo as convenções internacionais.
3. Contar com a pessoa idosa, de forma que ela tenha o protagonismo na defesa de seus interesses.
4. Apoiar as famílias que abrigam pessoas idosas em suas casas.
5. Criar espaços sociais seguros e amigáveis fora de casa.

6. Formar profissionais de saúde, assistência e cuidadores profissionais.
7. Investir na prevenção da dependência.

As políticas públicas criadas não significam, necessariamente, que a violência será vencida, mas que esses mecanismos normativos fornecerão subsídios para a atuação do Estado e da sociedade civil em busca da garantia dos direitos da pessoa idosa, pois "é na brecha entre o que é reconhecido como direito e as práticas de abuso e negligências que viceja a violência. Ela é, portanto, o **avesso do direito**" (Brasil, 2014e, p. 13, grifo do original). É necessário garantir esses direitos para que a população idosa brasileira possa usufruir sua condição de longevidade de forma respeitosa e segura.

A atuação profissional dos assistentes sociais nesse setor se desenvolve na esfera governamental ou não, uma vez que ela pode se dar no âmbito dos organismos de Estado responsáveis pela execução dessas políticas ou em instituições não governamentais. Seja qual for seu espectro de atuação, porém, é indispensável para o profissional o conhecimento acerca da política de enfretamento da violência, bem como dos marcos normativos que envolvem a questão. Assim, o profissional pode desenvolver ações que contemplem os direitos das pessoas por ele atendidas.

4.3.3 Enfrentamento da violência contra a juventude negra

É preocupante a intensidade com que a violência tem atingido a juventude negra no Brasil. O ano de 2012 forneceu dados estatísticos que evidenciaram não ser mais possível fechar os olhos para essa realidade. Nesse ano, foram registrados 30 mil casos de homicídios de jovens com idades entre 15 e 29 anos. Destes, 23 mil eram jovens negros (Brasil, 2014e). Tratam-se, porém, de dados referentes unicamente a vítimas fatais; portanto, não se incluem os casos, não tão bem contabilizados, em que as vítimas de violência sofrem ferimentos não fatais com ou sem sequelas.

Outra séria preocupação com que nos deparamos diz respeito à estatística crescente de violência empreendida por policiais, dado esse que pode ser cruzado com o do elevado número de mortes por assassinato entre a juventude negra, causadas por representantes da lei. Tais dados caracterizam o nível de violência institucional a que está submetida a juventude brasileira, sobretudo a de raça negra.

Dados como esses, a propósito, evidenciam o quanto é irreal, na sociedade brasileira, a questão da igualdade racial, pois demonstram claramente que a população negra continua sofrendo discriminação – e de maneira violenta – por conta de sua cor. Percebemos, então, o quanto as ideologias do embranquecimento e da suposta democracia racial[4] ainda permeiam o pensamento social da sociedade brasileira. A visão de que no Brasil não existe racismo tem agido como fortalecedor de discriminação e vitimado a população negra, que tem seus direitos violados incessantemente.

Com o objetivo de enfrentar a violência sofrida por jovens negros, foi lançado em 2014 o **Plano de Prevenção à Violência Contra a Juventude**, também denominado **Juventude Viva**, dirigido especialmente aos jovens de raça negra.

Esse plano foi criado pelo governo federal com base nas discussões apresentadas no Fórum Direito e Cidadania, realizado entre 2001 e 2008, e tem como principais responsáveis na esfera governamental a Secretaria-Geral da Presidência da República (SNJ/SG/PR), a Secretaria de Políticas de Promoção da Igualdade Racial (Seppir/PR) e a Secretaria Nacional de Juventude. Seus princípios e diretrizes têm por base os que foram apresentados durante a 1ª Conferência Nacional de Juventude, realizada em 2008, e posteriormente reforçados pela 2ª Conferência Nacional de Juventude, de 2011.

---

4   Abordamos essas teorias na seção sobre igualdade racial.

O plano se divide em quatro eixos fundamentais para a consolidação dessa política. O Quadro 4.5 apresenta esses eixos e suas principais ações.

Quadro 4.5 – Eixos e ações do Plano Juventude Viva

Eixos	Ações
EIXO 1 Desconstrução da Cultura de Violência	▪ "Identificação de ações de violência contra a juventude negra que foram historicamente naturalizadas, identificando seus padrões e oferecendo novos repertórios aos agentes que a realizam; ▪ Sensibilização da opinião pública sobre a banalização da violência e a necessidade de valorização da vida da juventude e da garantia de seus direitos; e ▪ Demonstração de que a violência não pode, em momento algum, ser utilizada como forma legítima de resolução de conflitos."
EIXO 2 Inclusão, Oportunidade e Garantia de Direitos	▪ "Implementação de mecanismos de criação de oportunidades de inclusão social e autonomia para os jovens vulneráveis, buscando efetivar os direitos garantidos constitucionalmente, mas historicamente negados." ▪ Vincular os programas: Projovem, Prouni e Pronatec, que indicam a importância social da juventude e criam oportunidades de transformação para jovens.
EIXO 3 Transformação de Territórios	▪ "Ampliação da presença do poder público nos bairros mais afetados pela violência, com a oferta de serviços públicos ligados ao ensino, cultura, esporte e lazer."
EIXO 4 Aperfeiçoamento Institucional	▪ "Processos formativos, capacitações e qualificações, sensibilização dos agentes estatais, fortalecimento dos órgãos de controle externo, assim como orientações específicas para as forças policiais, são ações primordiais desse eixo."

Fonte: Elaborado com base em Brasil, 2014f.

O plano define, ainda, como deve se dar a participação de cada ente federado, ou seja, como deve ser a ação nos estados e nos municípios, os quais devem designar os coordenadores do plano em suas respectivas jurisdições. Esses coordenadores, então, devem eleger os Comitês Gestores do Plano. É preciso ter em mente também que, embora esse plano se efetive em esfera governamental, tornam-se ainda assim imprescindíveis o acompanhamento e a participação da sociedade civil, com vistas ao conhecimento e ao fortalecimento de sua política.

O Serviço Social tem se deparado com diferentes formas de atuação em diferentes campos, nos quais proliferam as contradições e os interesses qualificados. Por esse motivo, o profissional deve estar atento para identificar as variadas expressões das desigualdades sociais e procurar formas de atuar que possam ecoar em defesa dos direitos dos cidadãos. Segundo Iamamoto (2008, p. 75), o desafio para o Serviço Social é sempre

> Redescobrir alternativas e possibilidades para o trabalho profissional no cenário atual; traçar horizontes para a formulação de propostas que façam frente à questão social e que sejam solidárias com o modo de vida daqueles que a vivenciam, não só como vítimas, mas como sujeitos que lutam pela preservação e conquista da sua vida, da sua humanidade.

Assim, equalizar as questões profissionais e a realidade tem sido o desafio dessa profissão, pois sua atuação se dá no campo da realidade vivenciada no cotidiano dos sujeitos. Exatamente por isso, torna-se indispensável fazer a análise da conjuntura da questão social envolvida e conhecer seu histórico social.

Assim também deve ser com relação à questão da violência em geral e da violência fundamentada em questões étnico-raciais, como é o caso da que é impingida contra a juventude negra. Por essa razão, atuar nessa área exige do profissional um mergulho na questão racial mundial e, particularmente, na que é enfrentada pela sociedade brasileira. Somente com o conhecimento de como o racismo atua como gerador de desigualdades sociais será possível uma intervenção que de fato aponte a direção que é necessário tomar para transpor as questões apresentadas. Portanto, a busca por uma sociedade racialmente mais justa passa pelo conhecimento das raízes da desigualdade.

> **Questão para reflexão**
>
> 1. Nesta subseção, examinamos as políticas de enfrentamento da violência contra alguns segmentos populacionais da sociedade brasileira. Assim, destacamos que grande parcela da população negra tem sofrido com a questão da violência. Esse ataque ao direito do cidadão negro ocorre, também, em esferas institucionais. De que forma essa violência é cometida institucionalmente?
> **Dica**: lembre-se do Eixo 4 do Plano Juventude Viva, que aborda diretamente essa questão.

4.4 As políticas públicas de juventude

A inserção da temática ligada à juventude nas agendas das políticas públicas se dá principalmente com base na preocupação de superar a problemática que envolvia ou envolve essa faixa significativa da população brasileira. As maiores preocupações com os jovens permeiam áreas relacionadas à drogadição, à delinquência e a comportamentos que colocam em risco a vida deles ou de outrem. É, portanto, no âmbito de uma concepção relacional entre juventude e problema que os jovens passam a ser arrolados como "questão social". Afinal, segundo Aquino (2009, p. 25), é no bojo dessa concepção que se estabelecem "ações de controle social tutelar e repressivo, promovidos pela sociedade e pelo poder público".

Se fizermos uma contextualização histórica da questão da juventude, vamos constatar que, nos anos 1960 e 1970, décadas de ditadura, a juventude não era concebida como categoria de análise ou grupamento que deveria ser admitido institucionalmente, pensado separadamente das questões que envolviam as problemáticas do operariado brasileiro ou do movimento estudantil, cujas demandas abarcavam esse segmento social.

Foi apenas com o movimento de redemocratização dos anos 1980, quando a sociedade civil organizada adotou uma postura de exigência e valorização de segmentos populacionais brasileiros marginalizados, que a temática da juventude tornou-se de fato importante para a adoção de políticas que atendam a suas demandas. No final da década de 1980, com a promulgação da Constituição Federal de 1988, a questão da juventude foi inserida no contexto das responsabilidades do Estado, uma vez que essa Carta Magna estabelece os deveres desse ente perante a população infanto juvenil. "A Constituição federal de 1988 instaurou um novo ordenamento constitucional costurado com os fios de uma superior consciência de direitos e cidadania" (Sposito; Carrano, 2003, p. 30). Esse fato relevante foi essencial para que, em 1990, outro marco normativo e histórico fosse constituído: o Estatuto da Criança e do Adolescente. Este pode ser considerado o principal indutor de políticas sociais desenvolvidas para esse segmento social.

Nas próximas subseções, examinaremos as políticas governamentais dirigidas à juventude, em escala federal, nas últimas décadas. Para isso, discutiremos como tais políticas se configuraram ao longo de cada um dos governos que se sucederam de 1995 até o presente, período em que se desenharam os principais marcos legais ligados à juventude hoje vigentes em nosso país.

4.4.1 Política pública de juventude no governo FHC (1995-2002)

As políticas voltadas para a juventude adotadas no governo de Fernando Henrique Cardoso (FHC) tinham o intuito de combater os problemas dessa faixa etária da população, permeados fortemente pela noção de *risco social*. Para França et al. (2002), *risco* é uma construção social importante para a compreensão da humanidade e deve estar relacionado a outras construções (signos), como *trabalho precoce, pobreza, saúde, subjetividade*.

Para efeito de políticas públicas, podemos entender que o signo do *risco* vai além das concepções de *perigo*. Assim,

> A noção de risco implica não somente iminência imediata de um perigo, mas também a possibilidade de, num futuro próximo, ocorrer uma perda de qualidade de vida pela ausência de ação preventiva. A ação preventiva está relacionada com o risco, pois não se trata de só minorar o risco imediatamente, mas de criar prevenções para que se reduza significativamente o risco, ou que ele deixe de existir. (Janczura, 2012, p. 306)

No período que compreendeu o governo FHC, as políticas preventivas adotadas focaram suas ações no domínio do tempo ocioso, na tentativa de exercer um controle social do tempo. Porém, os programas e projetos caracterizavam-se por serem adotados isoladamente e de forma esporádica, muitas vezes configurados somente como oficinas de capacitação.

Ao analisarem as políticas para a juventude no curso do governo FHC, Sposito e Carrano (2003) identificaram 30 programas/projetos da esfera governamental e 3 ações sociais não governamentais. Na abrangência desses programas, havia uma difusão grande de projetos que atendiam a crianças, adolescentes e adultos, sem que o foco fosse centralizado na juventude. Tal fato poderia indicar uma ideia de que, na esfera governamental, havia incerteza quanto à adoção de políticas específicas para esse segmento. Além disso, nesse governo, teve destaque, na área de políticas para a juventude, a centralização de ações voltadas para o combate à pobreza e à busca de reparação em situações nas quais os jovens se encontravam em risco social ou associadas à vulnerabilidade social. Essas ações foram direcionadas a municípios que apresentavam baixo Índice de Desenvolvimento Humano – IDH (Sposito; Carrano, 2003).

No contexto municipal, a interação entre sociedade civil e Estado se dá de forma mais acentuada, pois o município é o ente federativo mais próximo dos grupos organizados da sociedade civil. As políticas para a juventude, nesse período, acabaram por manter uma caracterização eminentemente urbana, desconsiderando aspectos específicos das necessidades da juventude do campo.

4.4.2 Política pública de juventude no governo Lula (2003-2010)

A partir de 2004, sob a égide do governo de Luís Inácio Lula da Silva, foram organizadas várias ações que ofereceram um importante referencial para a consolidação das políticas públicas para a juventude. Assim, houve "uma forte convergência de iniciativas, pesquisas e mobilizações que, partindo da sociedade civil, encontrou no governo federal o ambiente favorável à articulação e formalização de uma política pública voltada para os jovens" (Novaes, 2007, p. 12). Essas contribuições foram importantes para a composição de um banco de informações que subsidiaram a Política Nacional de Juventude (PNJ) elaborada pelo Grupo de Trabalho Interministerial de Juventude (GTI)[5]. Este grupo arrolou nove desafios que deveriam fazer parte da PNJ:

1. Ampliar o acesso e a permanência na escola de qualidade.
2. Erradicar o analfabetismo entre os jovens.
3. Preparar para o mundo do trabalho.
4. Gerar trabalho e renda.
5. Promover vida saudável.
6. Democratizar o acesso ao esporte, ao lazer, à cultura e à tecnologia da informação.
7. Promover os direitos humanos e as políticas afirmativas.
8. Estimular a cidadania e a participação social.
9. Melhorar a qualidade de vida dos jovens no meio rural e nas comunidades tradicionais. (Castro; Aquino; Andrade, 2009, p. 51)

---

5 O GTI foi formado com representações de 19 ministérios, secretarias e órgãos especializados na questão, sob a coordenação da Secretaria-Geral da Presidência da República. O grupo foi responsável pelo diagnóstico da situação dos jovens do país e formulou propostas para a construção da Política Nacional de Juventude (PNJ).

Em 2005, por meio da Lei n. 11.129, de 30 de junho de 2005 (Brasil, 2005c), foi criada a Secretaria Nacional de Juventude (SNJ), que, por sua vez, determinou a criação do Conselho Nacional de Juventude (Conjuve). Entre as atribuições da SNJ estão a formulação, a supervisão, a coordenação e a articulação das políticas públicas para a juventude, além do desempenho das atividades da Secretaria Executiva do Conjuve.

O Conjuve é composto por 20 membros que fazem parte do governo e 40 membros provenientes da sociedade civil. A representatividade governamental se dá em diferentes esferas, como a SNJ; os ministérios que dispõem de programas voltados para os jovens; a Frente Parlamentar de Políticas para a Juventude da Câmara dos Deputados; o Fórum Nacional de Gestores Estaduais de Juventude; e as associações de prefeitos. A inclusão de todos os entes federativos foi estratégica, partindo do pensamento de que as ações desenvolvidas necessitariam de uma articulação para que se construísse uma política para a juventude que fosse de fato uma política de Estado.

Em 2007, houve uma reformulação na PNJ, pois alguns obstáculos ainda precisavam ser vencidos. A partir de então, os desafios propostos passaram a ser (Castro; Aquino; Andrade, 2009):

1. aumentar a integração entre os programas emergenciais, principalmente das áreas de educação, saúde, esporte e cultura;
2. potencializar o atendimento de jovens da faixa de 15 a 29 anos, tidos como excluídos;
3. potencializar os recursos;
4. ampliar a eficácia.

Em resposta a tais mudanças de orientação, em setembro de 2007 foi lançado o programa conhecido como *novo Projovem* – o **Projovem integrado**. Esse novo programa procurou padronizar o auxílio financeiro pago aos beneficiários dos quatro programas: Projovem Urbano, Projovem Trabalhador, Projovem Adolescente e Projovem do Campo.

Mesmo com todo o esforço da SNJ para o desenvolvimento de uma política para a juventude que assumisse uma forma mais

orgânica, ainda havia certa desarticulação nas ações práticas das quatro modalidades do programa. A visão de intersetorialidade almejada quando da criação do Programa, cujo objetivo era que as ações fossem desenvolvidas de forma integrada, não chegou a ser efetivada. A SNJ encontrou bastante resistência para instituir a transversalidade no seio das instituições públicas em ações direcionadas para o público jovem (Silva; Andrade, 2009).
Em 2008 ocorreu a I Conferência Nacional de Políticas Públicas de Juventude. Esse momento foi valioso para que se intensificassem as iniciativas de sensibilização dos entes federativos municipais e estaduais para a importância da adoção de políticas para a juventude. Nesse evento, foi lançado o Pacto da Juventude, iniciado pelo CNJ para que os candidatos aos governos nas esferas municipais, estaduais e federal se comprometessem a adotar políticas para a juventude em suas plataformas eleitorais. Outra importante iniciativa tomada na conferência foi a implantação de um curso de formação de gestores em políticas da juventude.
Podemos considerar que, no governo Lula, o grande avanço no estabelecimento das políticas públicas para a juventude se deu na inclusão do termo *juventude* no texto constitucional, por meio da Emenda n. 65, de 13 de julho de 2010 (Brasil, 2010a). Porém, o que poderia representar o maior avanço para essa política, que seria a aprovação de seus estatutos legais (o Plano Nacional de Juventude e o Estatuto da Juventude), ficou em tramitação durante o governo Lula, sem que se conseguisse torná-lo parte da agenda pública.

4.4.3 Política pública de juventude no governo Dilma (2011-2015)

A nomeação, no início do governo Dilma Rousseff, de uma jovem militante para assumir a SNJ apontava para avanços e para a consolidação da política pública para a juventude. Porém, algumas propostas do governo, como o redirecionamento do Projovem

sem que fosse ouvido o Conjuve, deixaram uma incerteza quanto aos papéis que cada órgão responsável por essa política deveria desempenhar. Dessa forma, permaneceu uma conjuntura de continuidade e descontinuidade da política pública para a juventude, gerando incertezas (Almeida; Nascimento, 2011).
O Encontro Nacional da 2ª Conferência da Juventude foi iniciado no dia 9 de dezembro de 2011. O tema geral dessa conferência foi "Juventude, desenvolvimento e efetivação de direitos". O enfoque foi avaliar as conquistas e o fortalecimento da luta em torno da aprovação do Estatuto da Juventude e do Plano Nacional da Juventude. Estas eram conquistas previstas na Emenda n. 65/2010, que tramitava no Congresso Nacional.
O principal avanço normativo para a política da juventude aconteceu em 2013, com a sanção do **Estatuto da Juventude**. Esse estatuto, instituído por meio da Lei n. 12.852, de 5 de agosto de 2013 (Brasil, 2013d), regulariza os direitos da faixa populacional jovem, bem como define os princípios e diretrizes para a constituição das políticas de juventude em todas as esferas governamentais e dispõe sobre as competências do Sistema Nacional de Juventude (Sinajuve).
Em seus 48 artigos, o documento procura estabelecer linhas norteadoras que possam garantir uma política que atenda a diversas áreas, no direcionamento de aspectos ligados à juventude. Ressalta os direitos previstos em lei: educação, saúde, trabalho e cultura. Busca acolher as conveniências peculiares do público jovem, procurando acatar todas as trajetórias e diversidades específicas do segmento. O Estatuto também define novos direitos da juventude: ao território, à livre orientação sexual, à participação social e à sustentabilidade.
Além disso, a lei que estabelece o Estatuto regulamenta alguns importantes direitos, como o de pagar meia-entrada em programas culturais para jovens de baixa renda (renda total de até 2 salários mínimos) e meia passagem em viagens interestaduais. A normativa também procurou garantir a formação de espaços que privilegiem a participação da juventude nos procedimentos decisórios. Para que essa garantia fosse assegurada, tornou

obrigatória a formação de conselhos estaduais e municipais de juventude.

O art. 17 do Estatuto da Juventude estabelece o direito à diversidade e determina que nenhum jovem deve ser discriminado por motivo de etnia, raça, cor da pele, cultura, origem, idade e sexo, orientação sexual, idioma, religião, opinião, deficiência e condição social ou econômica. O direito do jovem de não ser discriminado é, aliás, um dos princípios centrais do Estatuto, além do qual essa lei também advoga: a valorização da participação social e política e a promoção da autonomia, da criatividade, do bem-estar e do desenvolvimento.

No ano de lançamento do Estatuto da Juventude, também foi implantado o Comitê Interministerial da Política de Juventude (Coijuv), criado por meio do Decreto n. 8.074, de 14 de agosto de 2013 (Brasil, 2013a), durante o governo de Dilma Rousseff. Posteriormente, essa lei foi revogada pelo Decreto n. 9.025, de 5 de abril de 2017, já no governo de Michel Temer. O novo decreto alterou a composição dos órgãos participantes encarregados de fazer a gestão e o acompanhamento das políticas públicas para a juventude desenvolvidas pelo governo federal. Além disso, entre as alterações, incluiu a participação de algumas entidades representativas: um representante da Secretaria Nacional de Políticas para as Mulheres; um representante da Secretaria Nacional dos Direitos da Pessoa com Deficiência; e um representante da Secretaria Nacional de Políticas de Promoção da Igualdade Racial.

No final de 2015 foi realizada a 3ª Conferência Nacional de Juventude, que teve como objetivos reconhecer e incentivar as variadas formas de expressão da juventude e fortalecer o combate ao preconceito.

Na conjuntura política atual, após o afastamento da Presidenta Dilma Rousseff por um processo de *impeachment*, observamos que o governo que a sucedeu vem praticando o desmonte de toda uma proposta política. Torna-se necessário, nesse contexto, a participação da sociedade civil em forma de mobilizações populares, para que direitos conquistados não sejam perdidos. No caso da política de juventude, tal mobilização é necessária não apenas para garantir as conquistas anteriores, mas também para reivindicar novos avanços, pois ainda há muito a ser trilhado em busca de políticas que efetivamente atendam à população jovem.

4.4.4 Políticas públicas de juventude e o Serviço Social

O atendimento à infância e à juventude, historicamente, faz parte do campo de atuação do Serviço Social. Esse atendimento pode ser realizado dentro do contexto familiar, isoladamente ou por uma equipe multidisciplinar.

O Serviço Social, ao longo de sua caminhada histórica, tem procurade contribuir para o trabalho com as questões sociais, por meio do seu aporte teórico-metodológico. Dessa forma, busca estabelecer parâmetros e diretrizes para a atuação profissional no âmbito do projeto ético-político da categoria. Como categoria profissional que faz parte da formação estrutural do trabalho na área social, "o Serviço Social tem estado à frente das lutas significativas que engendram direitos e valores democráticos como por exemplo as lutas que levaram a aprovação da Lei 8.069/90 (ECA) ou da Lei 8.742/93 (Loas)" (Paula, 2001, p. 9).

Em um Estado democrático de direito, a lei é um meio de normatização e democratização que atua na relação entre Estado e sociedade. Assim, o setor jurídico torna-se um instrumento fundamental, que normatiza a materialidade do direito. Na esfera da política para a juventude, os marcos jurídicos são a Constituição Federal (1988), o Estatuto da Criança e do Adolescente (1990) e o Estatuto da Juventude (2013).

Na esfera da assistência social municipal, a atuação, em grupos de jovens, ocorre nos Centros de Referência de Assistência Social (Cras) e nos Centros de Referência Especializados de Assistência Social (Creas), em que os atendimentos se voltam para situações de violação do direito de indivíduos e famílias. A atuação desses centros abre importantes campos para os profissionais da área do Serviço Social.

A atuação no campo da juventude requer o conhecimento acerca das necessidades desse segmento e significa ter a tarefa de trabalhar para que o Estatuto da Juventude se consolide, de forma que a política para a população jovem possa ser sedimentada na garantia de direitos.

Questão para reflexão

1. Com base no que apresentamos sobre as políticas públicas de juventude, responda: Qual é o mais importante instrumento normativo de garantia de direitos da juventude? Por que, em sua opinião, ele é tão importante?

   Dica: lembre-se de que esse instrumento foi sancionado em 2013 e estabeleceu normas que procuram traçar linhas norteadoras que possam garantir uma política que atenda a diversas áreas e aspectos ligados à juventude.

4.5 As políticas públicas de segurança pública

A **segurança social** é a principal condição para a garantia de direitos e o cumprimento de deveres, conforme instituídos pelos ordenamentos jurídicos (Carvalho; Silva, 2011). A **segurança pública**, por outro lado, é um tipo de ação social que requer a atuação de estruturas governamentais e até mesmo de outras organizações da sociedade civil. As instituições ou órgãos estatais encarregados de tomar decisões que visem garantir a segurança da sociedade compõem o **sistema de segurança pública**. Este assume como linha estratégica a política de segurança pública, ou seja, o conjunto das ações que são esquematizadas em programas e implementadas para afiançar a segurança dos cidadãos, tanto na esfera individual quanto na coletiva (Carvalho; Silva, 2011).

A segurança pública é uma questão social, pesquisada por intelectuais e governantes e investida do interesse da sociedade, pois se constitui em uma questão que afeta a todos, independentemente de classe social ou raça. Os mecanismos usualmente adotados para o enfrentamento da violência e da criminalidade, no entanto, não são suficientes para garantir a devida segurança dos cidadãos, seja como indivíduos, seja como integrantes de uma comunidade. Cabe, portanto, à política de segurança pública trabalhar no sentido de construir novas estratégias e mecanismos de enfrentamento da violência, que atuem em favor de toda a sociedade, particularmente os setores mais vulneráveis.

O pensamento neoliberal, com sua política de Estado mínimo, entretanto, adota a diretriz de contingenciar as ações de assistência social e aumentar o controle sobre as populações menos favorecidas, por meio do fortalecimento de aparelhos coercitivos e de penalizações. Agindo dessa forma, porém, o governo neoliberalizante atende unicamente à sua própria necessidade de manter assegurada a sustentação das relações de poder vigentes. Assim, "acaba-se tendo 'menos Estado' para os ricos, para possibilitar a multiplicação do lucro pela via do mercado e, 'mais controle' para os pobres, seja por meio do 'Estado penalizador' e 'assistencial' ou do processo de exclusão próprio do mercado" (Carvalho; Silva, 2011, p. 61).

A política de segurança pública é construída com a participação de todas as esferas governamentais, ou seja, dos três poderes republicanos, cada um exercendo sua competência de atuação. Assim, compete ao Poder Executivo a gestão de políticas de segurança pública dirigidas à execução penal, à prevenção e à repressão da violência e da criminalidade; ao Poder Judiciário compete garantir a tramitação processual e a aplicação da legislação; e ao Poder Legislativo cabe constituir ordenamentos jurídicos, imperativos ao funcionamento apropriado do sistema penal.

Com a promulgação da Constituição de 1988, novas discussões foram lançadas sobre a questão da segurança pública. Contudo, somente após mais de uma década de vivência democrática constitucional é que foi inaugurado no Brasil um plano na área de segurança pública que fosse regulado pelo senso dos direitos humanos. Assim, em 2000 foi instituído o Plano Nacional de Segurança Pública (PNSP). Mais tarde, em 2007, houve outro avanço, fruto das lutas democráticas constitucionais, quando foi estabelecido o Programa Nacional de Segurança Pública com Cidadania (Pronasci). Naquele mesmo ano também foi implantado o Fundo Nacional de Segurança Pública (FNSP), com o objetivo de viabilizar condições financeiras para a execução do plano. O PNSP pode ser considerado como o primeiro plano orientado por uma visão democrática de segurança que utiliza inovações tecnológicas, além de buscar conexão entre políticas de segurança, políticas sociais e comunitárias (Lopes, 2009).

Lamentavelmente, todos esses progressos no campo da política de segurança pública não surtiram os efeitos visíveis esperados. Os progressos foram bem pequenos, diante da amplitude da questão da segurança pública, tanto que a violência continuou (e continua) chocando a população brasileira, principalmente nas grandes cidades, como demonstram os índices oficiais de criminalidade, os diversos estudos e as notícias veiculadas pelos meios de comunicação.

O Pronasci (2007), também instituído pelo governo federal, procurou fomentar em suas ações uma relação com as políticas sociais voltadas para o controle, a prevenção e a contenção da criminalidade. Concentrou suas ações de segurança principalmente nas regiões metropolitanas que apresentavam elevados índices de violência. Em escala nacional, esse programa buscou atuar em conjunto com os estados da Federação. Redesenhou a estruturação da gestão prisional e suas estratégias de ação. No âmbito desse novo desenho, foi inaugurado o conceito de **segurança cidadã**. Sob essa perspectiva, torna-se importante o aporte que vise à prevenção e que mantenha o foco no cidadão, entendendo-se a violência como violação do direito deste, pois a exposição a situações de violência é um fator que impossibilita o direito de exercer o pleno gozo de sua cidadania.

O Pronasci ainda estabelece uma integração entre políticas setoriais, visando ampliar a concepção de segurança para além das fronteiras policiais, propiciando, assim, as condições necessárias para o enfrentamento da violência. Nesse aspecto,

> A perspectiva de Segurança Cidadã defende uma abordagem multidisciplinar para fazer frente à natureza multicausal da violência, na qual políticas públicas multissetoriais são implementadas de forma integrada, com foco na prevenção à violência. Nesse sentido, uma política pública de Segurança Cidadã deve contar não apenas com a atuação das forças policiais, sendo reservado também um espaço importante para as diversas políticas setoriais, como educação, saúde, esporte, cultura etc. (Freire, 2009, p. 107)

Vem do Pronasci a política de segurança pública pautada pela participação da sociedade, com vistas à adoção de uma cultura de paz. Foi essa perspectiva que gestou, por exemplo, a concepção das Unidades de Polícia Pacificadora (UPPs), que foram implantadas em áreas com elevados índices de violência e criminalidade.

A participação social, nesse novo paradigma, foi viabilizada em forma de discussões que integraram conferências promovidas em cada esfera do governo, nos estados e nos municípios. Em 2009, ocorreu a 1ª Conferência Nacional de Segurança Pública (Conseg), na qual se realizou, de forma democrática, a reelaboração de diretrizes e princípios com base nos quais fosse possível a elaboração de projetos com o foco na segurança pública. O principal eixo de discussão dessa primeira conferência foi a questão da gestão democrática, com ênfase em temas como: controle social e externo, federalismo e integração, gestão e financiamento. Ao todo, foram discutidos dez princípios e dez diretrizes. Esse evento foi importante para a reestruturação do Conselho Nacional de Segurança Pública (Conasp).

A principal contribuição da conferência, todavia, foi a definição de que a política de segurança deve ter prerrogativas de política de Estado, ou seja, dispor de autonomia administrativa, orçamentária e financeira, bem como ser implantada de forma descentralizada pelos entes federados. Essa contribuição foi decisiva, pois

> A definição da política de segurança pública como uma política de Estado, e não de governo, demonstra que a participação da sociedade é essencial no processo político de formulação da política. Pode-se considerar que os avanços teóricos na constituição da política são inegáveis, cabendo-nos, então, aguardar os seus resultados práticos. Entretanto, como se sabe, os princípios e diretrizes definidos na 1ª Conseg não garantem, de imediato, a sua implementação. (Carvalho; Silva, 2011, p. 65)

Como bem frisado pelos autores, a sociedade tem um papel fundamental na cobrança para que a política seja executada. Somente com a força da sociedade civil organizada é possível levar adiante as determinações que foram fixadas, nessa ou em qualquer política pública.

Outros mecanismos somaram-se como forças nesse aspecto, como a criação do Fórum Brasileiro de Segurança Pública (FBSP-2006), que conta com a participação de especialistas que difundem as inovações na área de segurança pública. Apesar dos obstáculos que possam existir para a estruturação dessa política, esses instrumentos de participação podem significar a possibilidade de avanços rumo à solidificação da política de segurança pública, com vistas a alcançar o objetivo de promover o direito do cidadão de viver sem riscos de violência.

4.5.1 O Serviço Social e a questão da segurança pública

O Serviço Social, como afirmamos, tem atuação interventiva apoiada em seu projeto ético-político, formulado de acordo com a elaboração teórico-metodológica adotada. Também se utiliza de instrumentais científicos das ciências sociais, que dão o suporte necessário para o desenvolvimento do trabalho. Por atuar na realidade social, em que se materializam as questões sociais, os profissionais são constantemente desafiados a atuar em campos que exijam a intervenção em defesa de direitos e da cidadania.

Assim, o campo da segurança pública torna-se uma importante área de atuação profissional.

A responsabilidade de atuar em um novo espaço e de se fazer necessário nesse campo de atuação é uma proposta que visa também contribuir para a redução dos índices de violência e criminalidade. Ao considerarmos que o assistente social trabalha para a sociedade e com a sociedade, vamos perceber que as demandas encaminhadas ao Serviço Social devem ser analisadas pelo profissional que o exerce de acordo com seu contexto histórico, a fim de que possa atuar no momento em que se tornam necessários seus serviços.

> O Serviço Social não atua apenas sobre a realidade, mas atua na realidade. Nesta perspectiva, compreende-se que as análises de conjunturas com o foco privilegiado na questão social, não são apenas o pano de fundo que emolduram o exercício profissional; ao contrário, são partes constitutivas da configuração do trabalho do Serviço Social. (Iamamoto, 2008, p. 55)

O Serviço Social não se elucida somente nas atividades que executa. Sua explicação precisa estar voltada para a totalidade social. O grande desafio do Serviço Social é analisar a situação e perceber que, se há vazio na produção de conhecimentos e na prática profissional em certa temática, é preciso procurar apoio nas formulações teóricas e no projeto ético-político para traçar alternativas de ação que sejam coerentes com a proposta profissional. O conhecimento da política de acordo com a qual o profissional está desenvolvendo seu trabalho é de fundamental importância para que tenha pleno domínio de seu campo de atuação e dos instrumentos e técnicas que atendem às necessidades observadas na realidade em questão.

Na área da segurança pública, diversos profissionais podem atuar em parcerias e redes, viabilizando os direitos dos cidadãos por meio de conhecimentos embasados nas leis pertinentes, como o Estatuto do Idoso, o Estatuto da Criança e do Adolescente, as leis trabalhistas, a legislação que rege o SUS, a Lei de Diretrizes e Bases da Educação Nacional (LDBEN), a Lei Maria da Penha e, principalmente, as que dizem respeito às políticas de enfrentamento da violência, as quais destacamos anteriormente. O universo de atuação é diversificado, exigindo do profissional que tenha conhecimento teórico, histórico, metodológico e ético, além de criatividade e dinamismo.

Na execução de seu trabalho, o profissional de Serviço Social conta ainda com instrumentos que são importantes para o desenvolvimento de suas ações, como relatórios, pareceres sociais e a convocação das partes envolvidas em situações de violência nas quais é chamado a intervir. Porém, é imprescindível ter clareza de que esses instrumentos devem estar afinados com as bases teóricas e metodológicas da profissão, pois estas são os recursos essenciais a serem acionados no exercício do trabalho (Iamamoto, 2008).

Questão para reflexão

1. **Comente o principal avanço na política de segurança pública estabelecida pelo Pronasci.**

   Dica: lembre-se de que a Constituição Federal de 1988 ficou conhecida por enfatizar vividamente esse conceito.

Síntese

A expansão das cidades implica modificação da natureza e, se realizada de forma desorganizada, pode gerar graves problemas relacionados à destruição da vegetação, à impermeabilização dos terrenos e à contaminação dos cursos de água. Por esse motivo, é preciso compreender que, para entender a questão ambiental, faz-se necessário ampliá-la para além dos aspectos físicos e naturais e considerar também os processos espaciais urbanos que refletem como se deu a mudança social no tempo.

Ao examinarmos o processo de evolução da política de habitação, podemos notar que vários mecanismos foram criados para que ocorresse o desenvolvimento nessa área e que a política urbana é estruturada legalmente. Porém, quando se trata de operacionalizá-la democraticamente, podemos notar que há falhas, pois aqueles que mais necessitam que seus direitos sejam garantidos não têm o alcance necessário para serem ouvidos, persistindo ainda práticas que vão do clientelismo ao tráfico de influências no jogo político. Esses dados, somados, tornam-se obstáculos para o êxito das políticas públicas.

A materialização da segregação espacial e social da sociedade brasileira se dá pelo aumento da população em áreas irregulares, favelas e, muitas vezes, em condomínios habitacionais que se encontram em péssimas condições de infraestrutura e desprovidos dos equipamentos públicos. Esse panorama habitacional incide diretamente sobre a questão do meio ambiente. Na realidade, a falta de acesso à terra pode estar no centro da problemática habitacional da população de baixa renda brasileira.

Toda essa situação afeta diretamente a população negra, pois esta é a maior vítima dessa segregação espacial e, consequentemente, a faixa da população que está mais exposta a situações de violência. Contudo, há outros fatores responsáveis pela violência sofrida pela população negra, ocasionadas por posicionamentos racistas que são estruturantes na sociedade brasileira.

A política pública para o enfrentamento da violência, nesse contexto, é um mecanismo decisivo para a defesa dos direitos de cidadãos que têm comumente suas garantias fundamentais suprimidas.

Para saber mais

SILVA, E. R. A.; ANDRADE, C. C. A Política Nacional da Juventude: avanços e dificuldades. In: CASTRO, J. A. de; AQUINO, L. M. C. de; ANDRADE, C. C. (Org.). **Juventude e políticas sociais no Brasil**. Brasília: Ipea, 2009. p. 41-70.

Essa publicação do Instituto de Pesquisa Econômica Aplicada (Ipea) expande a discussão da temática ligada à juventude, abordando essa questão no campo das políticas públicas. É relevante por proporcionar uma noção da amplitude que as políticas setoriais dedicam às questões relacionadas à juventude, identificando os desafios que se apresentam em torno dessa temática. Apresenta, ainda, contribuições para que se suscitem novos debates.

PAIXÃO, M. **500 anos de solidão:** estudos sobre desigualdades raciais no Brasil. Curitiba: Appris, 2013.

Nesse livro, Marcelo Paixão oferece uma narrativa histórica que coloca em cena a gênese do problema racial brasileiro. Também fornece dados que lançam luz sobre a desigualdade racial que assola a sociedade brasileira, esclarecendo, assim, que tal desigualdade não acontece por acaso, mas que está fundamentada em políticas adotadas com base em teorias raciais que discriminavam a população negra do Brasil.

BRASIL. Presidência da República. Conselho Nacional dos Direitos da Criança e do Adolescente. **Plano Nacional de Enfrentamento da Violência Sexual contra Crianças e Adolescentes.** Brasília, maio 2013. Disponível em: <http://www.sdh.gov.br/assuntos/bibliotecavirtual/criancas-e-adolescentes/publicacoes-2013/pdfs/plano-nacional-de-enfrentamento-da-violencia-sexual-contra-crianca-e-adolescentes>. Acesso em: 31 mar. 2017.

O Plano Nacional de Enfrentamento da Violência Sexual contra Crianças e Adolescentes esclarece os tipos de violência sofridos por esse segmento populacional e estabelece aparelhos de enfrentamento dessa categoria de violência social. É essencial para que tenhamos conhecimento dos instrumentos de intervenção a que se pode recorrer nesses casos.

Questões para revisão

1. Marque a opção **incorreta**.

    O Grupo de Trabalho Interministerial de Juventude (GTI) formado no governo Lula apresentou desafios que deveriam fazer parte da Política Nacional de Juventude (PNJ), entre os quais está:
    a) ampliar o acesso e a permanência na escola de qualidade.
    b) erradicar o analfabetismo entre os jovens.
    c) preparar para o mundo do trabalho.
    d) opor-se as políticas afirmativas.

2. Marque a opção **incorreta**.

Com relação à atuação profissional do assistente social na questão ambiental, podemos afirmar que:

a) a atuação leva em consideração a questão ambiental como um problema que tem caráter político e social.
b) essa questão é um problema político por depender da mediação do Estado e é social por manter a relação entre as pessoas.
c) essa questão é um problema político por depender de ações e decisões políticas e por estar vinculado ao modo ccomo as pessoas se relacionam com o meio natural.
d) essa questão é um problema social, pois o ser humano se estabelece e se organiza nesse espaço em convivência com os demais seres vivos.

3. Qual dos fatores a seguir é considerado o grande responsável pela violência interpessoal, nos variados segmentos sociais, principalmente no meio familiar?

a) Desigualdade social.
b) Falta de amor.
c) Falta de comida.
d) Conjuntura cultural.

4. O Estatuto da Juventude é considerado um dos grandes avanços no contexto das políticas públicas de juventude. Nesse instrumento normativo foram estabelecidos novos direitos da juventude. Quais são esses novos direitos?

5. O que é importante destacar para o sucesso da atuação profissional do assistente social diante da variedade de questões sociais que a ele se apresentam?

Estudo de caso

Como estudo de caso, propomos a leitura do texto citado a seguir:

Ao menos 16% dos idosos no mundo são vítimas de diversos tipos de violência

[...]

Segundo o geriatra Otávio Castello, o mundo está atrasado no debate sobre o tema [da violência contra os idosos]. "Estamos vivendo um fenômeno, o da revolução da longevidade. Na história da humanidade, nunca estivemos com uma proporção tão alta de idosos", lembra. Hoje, há 41 milhões de pessoas com mais de 60 anos e, de acordo com a OMS [Organização Mundial da Saúde], em 2020, haverá mais idosos que crianças de até 5 anos. Até 2050, serão 2 bilhões de indivíduos nessa faixa etária, ou 20%

> da população mundial. "Ninguém olha para todas as questões relacionadas aos idosos. O estudo [da OMS] sintetiza que estamos diante de um problema global. Para reverter essa informação em políticas públicas, porém, é outra história", lamenta.
>
> José Elias Vieira dos Santos, voluntário no Lar da Terceira Idade Samaritanos, em Águas Lindas (GO), discorda da ideia de que a sociedade ainda não sabe como lidar com os idosos. "Não se envelhece do dia para a noite. O problema é que ninguém tem tempo para o idoso, ele não é priorizado, é deixado de lado. O descaso com o idoso é imenso", diz. Ele conta que, muita vezes, precisa notificar as famílias, por meio do Ministério Público, para que visitem os parentes internos do abrigo. Além da negligência e do abuso financeiro e psicológico, já presenciou casos de violência física, quando atuava como conselheiro no Conselho de Idosos do município. "Muitos eram espancados, chegavam com hematoma, marca de cigarro. E isso acontecia dentro das próprias famílias."

Fonte: Oliveto, 2017.

O texto citado oferece-nos um breve panorama da situação geral da violência contra idosos no mundo e no Brasil. Convém lembrar, porém, que o Estatuto do Idoso estabelece, em seu art. 19, que "os casos de suspeita ou confirmação de violência praticada contra idosos serão objeto de notificação compulsória pelos serviços de saúde públicos e privados à autoridade sanitária, bem como serão obrigatoriamente comunicados por eles a quaisquer dos seguintes órgãos: I – autoridade policial; II – Ministério Público; III – Conselho Municipal do Idoso; IV – Conselho Estadual do Idoso; V – Conselho Estadual do Idoso" (Brasil, 2003b). Tendo isso em mente, se você fosse um assistente social que atuasse em um hospital especializado no atendimento de idosos, que medidas tomaria caso se deparasse, em seu exercício profissional, com a situação relatada a seguir?

Deu entrada no Pronto Socorro do Hospital do Idoso, o Senhor E.S.P. de 70 anos, viúvo, aposentado. O prontuário de atendimento médico indica lesões em várias partes do corpo. Segundo o relato do vizinho que foi o responsável por chamar a ambulância do SAMU, o idoso sofre de alguns transtornos mentais. O vizinho relatou à equipe do Serviço Social do Hospital que o filho D.P., de 40 anos, não trabalha, vive às custas da aposentadoria do pai e ainda o agride com frequência. O filho D.P. sofre com problema de alcoolismo e, quando está embriagado, demonstra muita agressividade.

Para concluir...

As políticas sociais podem ser consideradas intervenções do Estado nas expressões da "questão social". Apresentam um viés contraditório ao propiciar, concomitantemente, o atendimento às demandas da classe trabalhadora e a manutenção do *status quo* que a sociedade capitalista estabelece. O assistente social, tido como um profissional que trabalha com os consensos sociais, insere-se nesse processo.

Após a redemocratização do país, conquistas históricas foram progressivamente alavancadas em torno da Constituição Federal de 1988, decorrentes de disputas que foram travadas entre diferentes projetos societários. O Serviço Social enfrenta desafios cotidianos nesse cenário, ao colocar em prática seu projeto ético-político, uma vez que emerge em diferentes espaços sócio-ocupacionais de implementação das políticas setoriais dirigidas a diversas áreas: crianças e adolescentes, educação, idosos, pessoas com deficiência, entre outras.

Com base na preocupação do Estado em atender às demandas apresentadas pelos movimentos sociais, é possível perceber um incremento nos direitos sociais por meio de instrumentos jurídicos que, mesmo havendo uma fragmentação dos ciclos de vida em categorias sociais (criança, idoso, mulher, juventude etc.) ou setores essenciais da sociedade (saúde, educação, habitação etc.), estruturam-se em leis e decretos, os quais se constituem em marcos legais.

O assistente social, nesse contexto, insere-se nos diferentes níveis de governo (federal, estadual, municipal) ou em instituições privadas, ou de terceiro setor, nos quais desenvolve seu trabalho em diferentes campos, em atividades de planejamento, de execução ou de avaliação de planos, programas e projetos.

Como ressaltamos, a Constituição de 1988 e o Estatuto da Criança e do Adolescente (ECA) tiveram ambos grande relevância para o estabelecimento dos direitos da criança e do adolescente, pois fizeram germinar o paradigma da proteção integral, que compreende esses indivíduos como sujeitos de direitos. Destacamos também o Sistema Nacional de Atendimento Socioeducativo (Sinase) e o Sistema de Garantia de Direitos da Criança e do Adolescente (SGDCA) e mostramos que, enquanto o primeiro subsidia a operacionalização das medidas socioeducativas, o segundo promove, defende e controla a efetivação de todos os direitos de cidadania das crianças e dos adolescentes.

É preciso reconhecer que o Brasil dispõe de uma vasta legislação na área educacional, cujos princípios ratificam o direito à educação, mediante variadas especificações que viabilizam sua exigibilidade. Porém, para os profissionais do Serviço Social, o desafio reside em consolidar sua inserção na política educacional. Tendo isso em mente, abordamos aqui o Parecer Jurídico n. 23/2000, do Conselho Federal de Serviço Social (CFESS), que tratou da implantação do Serviço Social nas escolas públicas de ensino fundamental e médio, demonstrando que esta é uma intervenção totalmente exequível.

O processo de envelhecimento populacional foi aqui abordado de forma a evidenciar a importância da implementação de políticas públicas direcionadas para a população idosa. Conforme esclarecemos, a Lei n. 8.842/1994 caracteriza como idoso, no Brasil, a pessoa com sessenta anos de idade ou mais. Porém, para acessar o Benefício de Prestação Continuada (BPC), no âmbito da assistência social, o idoso deverá ter completado 65 anos ou mais e comprovar renda familiar mensal *per capita* inferior a um quarto do salário mínimo.

No âmbito da educação do idoso, chamamos a atenção para a existência da Universidade Aberta para a Terceira Idade (Unati), um projeto garantido em lei que promove a inclusão social do idoso, ofertando-lhe espaços de socialização, lazer e cultura. Na esfera cultural, o Estatuto do Idoso garante o desconto de 50% no valor dos ingressos para eventos diversos. Em se tratando de programas habitacionais, públicos ou subsidiados com recursos públicos, a porcentagem de reserva de unidades foi estipulada em 3%. Quanto ao transporte coletivo interestadual, é garantida a reserva de duas vagas gratuitas por veículo para idosos com renda igual ou inferior a dois salários mínimos, além de desconto de 50%, no mínimo, no valor das passagens para os idosos com a mesma renda e que excederem essas vagas. Os estacionamentos públicos e privados devem reservar pelo menos 5% de suas vagas para os idosos.

Assim como outras categorias titulares de direitos, as pessoas com deficiência também conquistaram espaço na agenda pública brasileira, demandando do Estado a substituição das ações de cunho assistencialista por prerrogativas legais, que garantam os direitos de cidadania desses cidadãos.

No que concerne a alguns dos direitos destinados a essa categoria social, destacamos o direito à moradia. A legislação determina que se priorize a elas uma reserva de, no mínimo, 3% das unidades habitacionais dos programas públicos ou financiados com recursos públicos na área habitacional. No âmbito da assistência social, a Lei Orgânica da Assistência Social (Loas) garante o pagamento do BPC às pessoas com deficiência, desde que passem por avaliação do Serviço Social e da medicina e sejam consideradas impossibilitadas de integrar-se plenamente à sociedade, se comparadas com as demais pessoas. Em se tratando do acesso ao transporte e à mobilidade, a garantia desse direito compreende a reserva de, no mínimo, 2% das vagas nos estacionamentos públicos ou privados.

O verdadeiro desafio, contudo, encontra-se na participação do assistente social nos processos de trabalho que impulsionam a luta pela efetivação dos direitos que são assegurados nos marcos legais e pela conquista de novos espaços democráticos.

A atuação profissional desse técnico social torna-se mais eficaz quando ele tem pleno domínio dos procedimentos metodológicos e instrumentais de sua área e também da legislação referente ao campo de atuação social em que está inserido. Portanto, é de fundamental importância que esse profissional mantenha-se atualizado quanto aos marcos legais que regem a política pública em que ele desenvolve seu trabalho.

Vale enfatizar que houve consideráveis avanços na constituição de marcos legais concernentes a políticas públicas de juventude, habitação, meio ambiente e saneamento, enfretamento da violência contra a mulher, idosos, crianças, adolescentes e juventude negra. Avanços normativos podem ser também mensurados no que se refere à igualdade racial e às políticas de segurança pública.

De todo modo, é preciso compreender que, embora haja um notório avanço normativo, para que avanços concretos possam de fato acontecer, é necessária a participação dos sujeitos sociais organizados, pois somente com a mobilização da sociedade civil é possível fazer com que as conquistas sociais deixem de ser estruturadas unicamente em estatutos e leis e passem a ser realmente sentidas no cotidiano da população.

Referências

AITH, F. Políticas públicas de Estado e de governo: instrumentos de consolidação do Estado democrático de direito e de promoção e proteção dos direitos humanos. In: BUCCI, M. P. D. (Org.). **Políticas públicas**: reflexões sobre o conceito jurídico. São Paulo: Saraiva, 2006. p. 217-246.

ALMEIDA, N. L. T. de. **O serviço social na educação**: novas perspectivas sócio-ocupacionais. 19 maio 2007. Disponível em: <http://necad.paginas.ufsc.br/files/2012/07/O_Servico_Social_na_Educacao_perspectivas_socio_ocupacionais1.pdf>. Acesso em: 25 mar. 2017.

ALMEIDA, N. L. T. de; ALENCAR, M. M. T. de. **Serviço social**: trabalho e políticas públicas. São Paulo: Saraiva, 2012.

ALMEIDA, R. de O.; NASCIMENTO, N. I. M. Políticas públicas de juventude: dilemas entre avanços e descontinuidades. **Perspectivas em Políticas Públicas**, Belo Horizonte, v. 4, n. 7, p. 99-126, jan./jun. 2011.

AQUINO, L. A juventude como foco das políticas públicas. In: CASTRO, J. A. de; AQUINO, L. M. C. de; ANDRADE, C. C. (Org.). **Juventude e políticas sociais no Brasil**. Brasília: Ipea, 2009. p. 25-39.

BEHRING, E. R.; BOSCHETTI, I. **Política social**: fundamentos e história. 8. ed. São Paulo: Cortez, 2008.

BOBBIO, N. **A era dos direitos**. Tradução de Carlos Nelson Coutinho. Rio de Janeiro: Elsevier, 2004.

_____. **Estado, governo, sociedade**: por uma teoria geral da política. Rio de Janeiro: Paz e Terra, 1987.

BOSCHETTI, I. et al. (Org.). **Política social no capitalismo**: tendências contemporâneas. São Paulo: Cortez, 2009.

BRAGA, S. F. M. et al. As políticas públicas para os idosos no Brasil: a cidadania no envelhecimento. **Diálogos Interdisciplinares**, São Paulo, v. 5, n. 3, p. 94-112, out. 2016. Disponível em: <https://revistas.brazcubas.br/index.php/dialogos/article/view/171>. Acesso em: 26 jun. 2017.

BRASIL. Constituição (1988). **Diário Oficial da União**, Brasília, 5 out. 1988. Disponível em: <http://www.planalto.gov.br/ccivil_03/Constituicao/Constituicao.htm>. Acesso em: 25 mar. 2017.

_____. Constituição (1988). Emenda Constitucional n. 53, de 19 de dezembro de 2006. **Diário Oficial da União**, Poder Legislativo, Brasília, DF, 20 dez. 2006a. Disponível em: <http://www.planalto.gov.br/ccivil_03/constituicao/emendas/emc/emc53.htm>. Acesso em: 26 jun. 2017.

_____. Constituição (1988). Emenda Constitucional n. 65, de 13 de julho de 2010. **Diário Oficial da União**, Poder Legislativo, Brasília, DF, 14 jul. 2010a. Disponível em: <http://www.planalto.gov.br/ccivil_03/constituicao/emendas/emc/emc65.htm>. Acesso em: 26 jun. 2017.

_____. Constituição (1988). Emenda Constitucional n. 59, de 11 de novembro de 2009. **Diário Oficial da União**, Poder Legislativo, Brasília, DF, 12 nov. 2009a. Disponível em: <http://www.planalto.gov.br/ccivil_03/constituicao/emendas/emc/emc59.htm>. Acesso em: 1º abr. 2017.

BRASIL. Decreto n. 3.298, de 20 de dezembro de 1999. **Diário Oficial da União**, Poder Executivo, Brasília, DF, 21 dez. 1999. Disponível em: <http://www.planalto.gov.br/ccivil_03/decreto/d3298.htm>. Acesso em: 25 mar. 2017.

_____. Decreto n. 3.956, de 8 de outubro de 2001. **Diário Oficial da União**, Poder Executivo, Brasília, DF, 9 out. 2001a. Disponível em: <http://www.planalto.gov.br/ccivil_03/decreto/2001/d3956.htm>. Acesso em: 25 mar. 2017.

_____. Decreto n. 5.296, de 2 de dezembro de 2004. **Diário Oficial da União**, Poder Executivo, Brasília, DF, 3 dez. 2004. Disponível em: <http://www.planalto.gov.br/ccivil_03/_ato2004-2006/2004/decreto/d5296.htm>. Acesso em: 25 mar. 2017.

_____. Decreto n. 5.904, de 21 de setembro de 2006. **Diário Oficial da União**, Poder Executivo, Brasília, DF, 22 set. 2006b. Disponível em: <http://www.planalto.gov.br/ccivil_03/_ato2004-2006/2006/decreto/d5904.htm>. Acesso em: 25 mar. 2017.

_____. Decreto n. 6.949, de 25 de agosto de 2009. **Diário Oficial da União**, Poder Executivo, Brasília, DF, 26 ago. 2009b. Disponível em: <http://www.planalto.gov.br/ccivil_03/_ato2007-2010/2009/decreto/d6949.htm>. Acesso em: 25 mar. 2017.

_____. Decreto n. 8.074, de 14 de agosto de 2013. **Diário Oficial da União**, Poder Executivo, Brasília, DF, 15 ago. 2013a. Disponível em: <http://www.planalto.gov.br/ccivil_03/_Ato2011-2014/2013/Decreto/D8074.htm>. Acesso em: 26 jun. 2017.

_____. Decreto n. 99.710, de 21 de novembro de 1990. **Diário Oficial da União**, Poder Executivo, Brasília, DF, 22 nov. 1990a. Disponível em: <http://www.planalto.gov.br/ccivil_03/decreto/1990-1994/d99710.htm>. Acesso em: 1º abr. 2017.

_____. Lei Complementar n. 80, de 12 de janeiro de 1994. **Diário Oficial da União**, Poder Legislativo, Brasília, DF, 13 jan. 1994a. Disponível em: <http://www.planalto.gov.br/ccivil_03/leis/LCP/Lcp80.htm>. Acesso em: 25 mar. 2017.

_____. Lei Complementar n. 142, de 8 de maio de 2013. **Diário Oficial da União**, Poder Legislativo, Brasília, DF, 9 maio 2013b. Disponível em: <http://www.planalto.gov.br/ccivil_03/leis/LCP/Lcp142.htm>. Acesso em: 25 mar. 2017.

BRASIL. Lei n. 6.697, de 10 de outubro de 1979. **Diário Oficial da União**, Poder Legislativo, Brasília, DF, 11 out. 1979. Disponível em: <http://www.planalto.gov.br/ccivil_03/leis/1970-1979/L6697.htm>. Acesso em: 1 abr. 2017.

_____. Lei n. 7.353, de 29 de agosto de 1985. **Diário Oficial da União**, Poder Legislativo, Brasília, DF, 30 ago. 1985. Disponível em: <http://www.planalto.gov.br/ccivil_03/leis/1980-1988/L7353.htm>. Acesso em: 26 jun. 2017.

_____. Lei n. 7.853, de 24 de outubro de 1989. **Diário Oficial da União**, Poder Legislativo, Brasília, DF, 25 out. 1989. Disponível em: <http://www.planalto.gov.br/ccivil_03/leis/L7853.htm>. Acesso em: 25 mar. 2017.

_____. Lei n. 8.069, de 13 de julho de 1990. **Diário Oficial da União**, Poder Legislativo, Brasília, DF, 16 jul. 1990b. Disponível em: <http://www.planalto.gov.br/ccivil_03/LEIS/L8069.htm>. Acesso em: 1º abr. 2017.

_____. Lei n. 8.662, de 7 de junho de 1993. **Diário Oficial da União**, Poder Legislativo, Brasília, DF, 8 jun. 1993a. Disponível em: <http://www.planalto.gov.br/ccivil_03/leis/L8662.htm>. Acesso em: 26 jun. 2017.

_____. Lei n. 8.742, de 7 de dezembro de 1993. **Diário Oficial da União**, Poder Legislativo, Brasília, 8 dez. 1993b. Disponível em: <http://www.planalto.gov.br/ccivil_03/leis/l8742.htm>. Acesso em: 25 mar. 2017.

_____. Lei n. 8.842, de 4 de janeiro de 1994. **Diário Oficial da União**, Poder Legislativo, Brasília, DF, 5 jan. 1994b. Disponível em: <http://www.planalto.gov.br/ccivil_03/leis/L8842.htm>. Acesso em: 1º abr. 2017.

_____. Lei n. 8.899, de 29 de junho de 1994. **Diário Oficial da União**, Poder Legislativo, Brasília, 30 jun. 1994c. Disponível em: <http://www.planalto.gov.br/ccivil_03/leis/l8899.htm>. Acesso em: 25 mar. 2017.

_____. Lei n. 8.989, de 24 de fevereiro de 1995. **Diário Oficial da União**, Poder Executivo, Brasília, 25 fev. 1995. Disponível em: <http://www.planalto.gov.br/ccivil_03/leis/L8989.htm>. Acesso em: 25 mar. 2017.

BRASIL. Lei n. 9.394, de 20 de dezembro de 1996. **Diário Oficial da União**, Poder Legislativo, Brasília, DF, 23 dez. 1996. Disponível em: <http://www.planalto.gov.br/ccivil_03/LEIS/l9394.htm>. Acesso em: 25 mar. 2017.

_____. Lei n. 10.048, de 8 de novembro de 2000. **Diário Oficial da União**, Poder Legislativo, Brasília, DF, 9 nov. 2000a. Disponível em: <http://www.planalto.gov.br/ccivil_03/leis/L10048.htm>. Acesso em: 25 mar. 2017.

_____. Lei n. 10.098, de 19 de dezembro de 2000. **Diário Oficial da União**, Poder Executivo, Brasília, DF, 20 dez. 2000b. Disponível em: <http://www.planalto.gov.br/ccivil_03/leis/L10098.htm>. Acesso em: 25 mar. 2017.

_____. Lei n. 10.257, de 10 de julho de 2001. **Diário Oficial da União**, Poder Legislativo, Brasília, DF, 11 jul. 2001b. Disponível em: <http://www.planalto.gov.br/ccivil_03/leis/LEIS_2001/L10257.htm>. Acesso em: 1º abr. 2017.

_____. Lei n. 10.436, de 24 de abril de 2002. **Diário Oficial da União**, Poder Legislativo, Brasília, DF, 25 abr. 2002. Disponível em: <http://www.planalto.gov.br/ccivil_03/leis/2002/L10436.htm>. Acesso em: 25 mar. 2017.

_____. Lei n. 10.678, de 23 de maio de 2003. **Diário Oficial da União**, Poder Executivo, Brasília, DF, 26 maio 2003a. Disponível em: <http://www.planalto.gov.br/ccivil_03/leis/2003/L10.678.htm>. Acesso em: 1º abr. 2017.

_____. Lei n. 10.741, de 1º de outubro de 2003. **Diário Oficial da União**, Poder Legislativo, Brasília, DF, 3 out. 2003b. Disponível em: <http://www.planalto.gov.br/ccivil_03/leis/2003/L10.741.htm>. Acesso em: 1º abr. 2017.

_____. Lei n. 11.124, de 16 de junho de 2005. **Diário Oficial da União**, Iniciativa Popular, Brasília, DF, de 17 de junho de 2005a. Disponível em: <http://www.planalto.gov.br/ccivil_03/_ato2004-2006/2005/lei/l11124.htm>. Acesso em: 26 jun. 2017.

_____. Lei n. 11.126, de 27 de junho de 2005. **Diário Oficial da União**, Poder Legislativo, Brasília, DF, 28 jun. 2005b. Disponível em: <http://www.planalto.gov.br/ccivil_03/_ato2004-2006/2005/Lei/L11126.htm>. Acesso em: 25 mar. 2017.

BRASIL. Lei n. 11.129, de 30 de junho de 2005. **Diário Oficial da União**, Poder Executivo, Brasília, DF, 1 jul. 2005c. Disponível em: <http://www.planalto.gov.br/ccivil_03/_ato2004-2006/2005/lei/l11129.htm>. Acesso em: 26 jun. 2017.

_____. Lei n. 11.340, de 7 de agosto de 2006. **Diário Oficial da União**, Poder Legislativo, Brasília, DF, 8 ago. 2006c. Disponível em: <http://www.planalto.gov.br/ccivil_03/_ato2004-2006/2006/lei/l11340.htm>. Acesso em: 26 jun. 2017.

_____. Lei n. 11.445, de 5 de janeiro de 2007. **Diário Oficial da União**, Poder Legislativo, Brasília, DF, 8 jan. 2007. Disponível em: <http://www.planalto.gov.br/ccivil_03/_ato2007-2010/2007/lei/l11445.htm>. Acesso em: 25 mar. 2017.

_____. Lei n. 11.700, de 13 de junho de 2008. **Diário Oficial da União**, Poder Legislativo, Brasília, DF, 16 jun. 2008. Disponível em: <http://www.planalto.gov.br/ccivil_03/_Ato2007-2010/2008/Lei/L11700.htm>. Acesso em: 26 jun. 2017.

_____. Lei n. 11.982, de 16 de julho de 2009. **Diário Oficial da União**, Poder Legislativo, Brasília, DF, 17 jul. 2009c. Disponível em: <http://www.planalto.gov.br/ccivil_03/_ato2007-2010/2009/lei/l11982.htm>. Acesso em: 25 mar. 2017.

_____. Lei n. 12.288, de 20 de julho de 2010. **Diário Oficial da União**, Poder Legislativo, Brasília, DF, 21 jul. 2010b. Disponível em: <http://www.planalto.gov.br/ccivil_03/_ato2007-2010/2010/lei/l12288.htm>. Acesso em: 1º abr. 2017.

_____. Lei n. 12.594, de 18 de janeiro de 2012. **Diário Oficial da União**, Poder Executivo, Brasília, DF, 19 jan. 2012. Disponível em: <http://www.planalto.gov.br/ccivil_03/_ato2011-2014/2012/lei/l12594.htm>. Acesso em: 1º abr. 2017.

_____. Lei n. 12.796, de 4 de abril de 2013. **Diário Oficial da União**, Poder Executivo, Brasília, DF, 5 abr. 2013c. Disponível em: <http://www.planalto.gov.br/ccivil_03/_ato2011-2014/2013/lei/l12796.htm>. Acesso em: 1º abr. 2017.

_____. Lei n. 12.852, de 5 de agosto de 2013. **Diário Oficial da União**, Poder Legislativo, Brasília, DF, 6 ago. 2013d. Disponível em: <http://www.planalto.gov.br/ccivil_03/_ato2011-2014/2013/lei/l12852.htm>. Acesso em: 26 jun. 2017.

BRASIL. Lei n. 13.005, de 25 de junho de 2014. **Diário Oficial da União**, Poder Legislativo, Brasília, DF, 26 jun. 2014a. Disponível em: <http://www.planalto.gov.br/ccivil_03/_ato2011-2014/2014/lei/l13005.htm>. Acesso em: 25 mar. 2017.

_____. Lei n. 13.146, de 6 de julho de 2015. **Diário Oficial da União**, Poder Legislativo, Brasília, DF, 7 jul. 2015. Disponível em: <http://www.planalto.gov.br/ccivil_03/_ato2015-2018/2015/lei/l13146.htm>. Acesso em: 25 mar. 2017.

BRASIL. Ministério da Educação. Secretaria de Articulação dos Sistemas de Ensino. **O Sistema Nacional de Educação**. Brasília, jul. 2014b. Disponível em: <http://pne.mec.gov.br/images/pdf/sase_mec.pdf>. Acesso em: 23 jun. 2017.

BRASIL. Ministério da Justiça e Cidadania. Secretaria Especial de Direitos Humanos. Conselho Nacional dos Direitos da Criança e do Adolescente. Resolução n. 113, de 19 de abril de 2006. **Diário Oficial da União**, Brasília, DF, 20 abr. 2006d. Disponível em: <http://www.crpsp.org.br/portal/comunicacao/diversos/mini_cd/pdfs/Res_113_CONANDA.pdf>. Acesso em: 26 jun. 2017.

BRASIL. Ministério das Cidades. Portaria n. 21, de 22 de janeiro e 2014. **Diário Oficial da União**, Brasília, DF, 23 jan. 2014c. Disponível em: <http://www.cidades.gov.br/images/stories/ArquivosCidades/PAC/Manuais-Gerais-PAC/portaria21.pdf>. Acesso em: 11 ago. 2017.

_____. Portaria n. 465, de 3 de outubro de 2011. **Diário Oficial da União**, Brasília, DF, 4 out. 2011a. Disponível em: <http://www.cidades.gov.br/images/stories/ArquivosSNH/ArquivosPDF/Portarias/Portaria_N_465_FAR_Consolidada_21-01-2013.pdf>. Acesso em: 26 jun. 2017.

BRASIL. Ministério das Cidades. Conselho das Cidades. **Quem muda a cidade somos nós**: Reforma Urbana já! Texto para lançamento da 5ª Conferência Nacional das Cidades. 2013e. Disponível em: <http://www.ipea.gov.br/participacao/images/pdfs/conferencias/5aCNCidades/texto%20discusso%20parte%201.pdf>. Acesso em: 31 mar. 2017.

BRASIL. Ministério das Cidades. Secretaria Nacional de Habitação. **Plano Nacional de Habitação**. Versão para debates. Brasília: Ministério das Cidades/Secretaria Nacional de Habitação, 2010c.

Disponível em: <http://bibspi.planejamento.gov.br/bitstream/handle/iditem/285/Publiicacao_PlanHab_Capa.pdf?sequence=1>. Acesso em: 26 jun. 2017.

BRASIL. Ministério dos Direitos Humanos. Secretaria Nacional de Políticas de Promoção da Igualdade Racial. **A Secretaria**. 20 jul. 2017. Disponível em: <http://www.seppir.gov.br/sobre-a-seppir/a-secretaria>. Acesso em: 3 ago. 2017.

BRASIL. Portal da Juventude. Secretaria Nacional de Juventude. Conselho Nacional de Juventude. **Sobre**. 22 nov. 2014d. Disponível em: <http://juventude.gov.br/conjuve/sobre#.V2_2uvkrLIU>. Acesso em: 25 mar. 2017.

BRASIL. Presidência da República. Conselho Nacional dos Direitos da Criança e do Adolescente. **Plano Nacional de Enfrentamento da Violência Sexual contra Crianças e Adolescentes**. Brasília, maio 2013f. Disponível em: <http://www.sdh.gov.br/assuntos/bibliotecavirtual/criancas-e-adolescentes/publicacoes-2013/pdfs/plano-nacional-de-enfrentamento-da-violencia-sexual-contra-crianca-e-adolescentes>. Acesso em: 31 mar. 2017.

BRASIL. Presidência da República. Secretaria de Direitos Humanos. **Manual de enfrentamento à violência contra a pessoa idosa**. É possível prevenir. É necessário superar. Brasília: Secretaria de Direitos Humanos da Presidência da República, 2014e. Disponível em: <http://www.sdh.gov.br/assuntos/pessoa-idosa/publicacoes/violencia-contra-a-pessoa-idosa>. Acesso em: 31 mar. 2017.

_____. **Plano de Ação para o Enfrentamento da Violência Contra a Pessoa Idosa**. Brasília: Subsecretaria de Direitos Humanos, 2005d. Disponível em: <http://sisapidoso.icict.fiocruz.br/sites/sisapidoso.icict.fiocruz.br/files/plano_acao_enfrent_viol_idoso.pdf >. Acesso em: 26 jun. 2017.

BRASIL. Presidência da República. Secretaria de Políticas Públicas para as Mulheres. **Rede de enfrentamento à violência contra as mulheres**. Brasília: SPM/PR, 2011b. Disponível em: <http://www.spm.gov.br/sobre/publicacoes/publicacoes/2011/rede-de-enfrentamento>. Acesso em: 31 mar. 2017.

BRASIL. Presidência da República. Secretaria Nacional de Juventude. **Juventude Viva**. Guia de implementação para estados e municípios. Brasília: SNJ/SG-PR, 2014f. Disponível em: <http://juventude.gov.br/articles/participatorio/0009/4790/Guia_Plano_JuvViva_Final.pdf>. Acesso: 27 mar. 2017

BRESSER-PEREIRA, L. C. **Nação, Estado e Estado-Nação**. 18 mar. 2008. Disponível em: <http://www.bresserpereira.org.br/papers/2008/08.21.Na%C3%A7%C3%A3o.Estado.Estado-Na%C3%A7%C3%A3o-Mar%C3%A7o18.pdf>. Acesso em: 31 mar. 2017.

BUCCI, M. P. D. **Direito administrativo e políticas públicas**. São Paulo: Saraiva, 2002.

CAMPOS, M. S. Assistente social: confidente, juiz, bombeiro, agitador social. Guardião da humanidade em qualquer tempo? **Serviço Social**: questões políticas, sociais, metodológicas, São Paulo, [s.n.], p. 9-17, 1988.

CARVALHO, E.; LEITÃO, N. O novo desenho institucional do Ministério Público e o processo de judicialização da política. **Revista Direito GV**, São Paulo, v. 6, n. 2, p. 399-422, jul./dez. 2010.

CARVALHO, V. A. de; SILVA, M. do R. de F. Política de segurança pública no Brasil: avanços, limites e desafios. **Revista Katálysis**, Florianópolis, v. 14, n. 1, p. 59-67, jan./jun. 2011. Disponível em: <http://www.scielo.br/pdf/rk/v14n1/v14n1a07.pdf>. Acesso em: 31 mar. 2017.

CASTRO, J. A. de; AQUINO, L. M. C. de; ANDRADE, C. C. (Org.). **Juventude e políticas sociais no Brasil**. Brasília: Ipea, 2009.

CFESS – Conselho Federal de Serviço Social. **Código de Ética do/a Assistente Social/Lei 8.662/93 de Regulamentação da Profissão**. 10. ed. rev. atual. Brasília: CFESS, 2012. Disponível em: <http://www.cfess.org.br/arquivos/CEP_CFESS-SITE.pdf>. Acesso em: 26 jun. 2017.

_____. Parecer Jurídico 23/00. In: _____. **Serviço social na educação**. Brasília: CFESS, 2001. p. 21-32. Disponível em: <http://www.cfess.org.br/arquivos/SS_na_Educacao(2001).pdf>. Acesso em: 26 jun. 2017.

CFESS – Conselho Federal de Serviço Social; CRESS – Conselho Regional de Serviço Social. **Subsídios para a atuação de assistentes sociais na política de educação**. Brasília: CFESS, 2012. (Série Trabalho e Projeto Profissional nas Políticas Sociais, v. 3). Disponível em: <http://www.cfess.org.br/arquivos/BROCHURACFESS_SUBSIDIOS-AS-EDUCACAO.pdf>. Acesso em: 26 jun. 2017.

CLEMENTE, M. L. **Benefício de Prestação Continuada (BPC) e o serviço social**. 15 mar. 2010. Disponível em: <http://www.aasptjsp.org.br/artigo/benef%C3%ADcio-de-presta%C3%A7%C3%A3o-continuada-bpc-e-o-servi%C3%A7o-social>. Acesso em: 31 mar. 2017.

COSTA, M. C. O. et al. O perfil da violência contra crianças e adolescentes, segundo registros de Conselhos Tutelares: vítimas, agressores e manifestações de violência. **Ciência & Saúde Coletiva**, Rio de Janeiro, v. 12, n. 5, p. 1129-1141, set./out. 2007. Disponível em: <http://www.scielo.br/pdf/csc/v12n5/04.pdf>. Acesso em: 31 mar. 2017.

CRAHAY, M. **Poderá a escola ser justa e eficaz?** Da igualdade de oportunidades à igualdade dos conhecimentos. Tradução de Vasco Farinha. Lisboa: Instituto Piaget, 2000.

CURY, C. R. J. A educação infantil como direito. In: BRASIL. Ministério da Educação e do Desporto. **Subsídios para credenciamento e funcionamento das instituições de educação infantil**. Brasília: MEC/SEF, 1998. p. 9-15. v. 2.

_____. Direito à educação: direito à igualdade, direito à diferença. **Cadernos de Pesquisa**, São Paulo, n. 116, p. 245-262, jul. 2002. Disponível em: <http://www.scielo.br/pdf/cp/n116/14405.pdf>. Acesso em: 26 jun. 2017.

_____. Políticas inclusivas e compensatórias na educação básica. **Cadernos de Pesquisa**, São Paulo, v. 35, n. 124, p. 11-32. 2005. Disponível em: <http://dx.doi.org/10.1590/S0100-15742005000100002>. Acesso em: 1º maio 2017.

DECLARAÇÃO de Salamanca – 1994. Declaração de Salamanca e linha de ação sobre necessidades educativas especiais. 10 jun. 1994. Disponível em: <cape.edunet.sp.gov.br/textos/declaracoes/3Declacao_Salamanca.doc>. Acesso em: 26 jun. 2017.

DEGENNSZAJH, R. R. Organização e gestão das políticas sociais no Brasil. In: CFESS – Conselho Federal de Serviço Social; ABEPSS – Associação Brasileira de Ensino e Pesquisa em Serviço Social. **Capacitação em serviço social e política social**. Brasília: UnB/Cead, 2000. p. 57-70. Módulo 3.

DIAS, S. A. Serviço social e relações raciais: caminhos para uma sociedade sem classes. **Temporalis**, Brasília, v. 15, n. 29, p. 311-333, jan./jun. 2015.

DIZEU, L. C. T. de B.; CAPORALI, S. A. A língua de sinais constituindo o surdo como sujeito. **Educação & Sociedade**, Campinas, v. 26, n. 91, p. 583-597, maio/ago. 2005. Disponível em: <http://www.scielo.br/pdf/es/v26n91/a14v2691.pdf>. Acesso em: 31 mar. 2017.

DUARTE, C. Direito público subjetivo e políticas educacionais. **São Paulo em Perspectiva**, São Paulo, v. 18, n. 2, p. 113-118, abr./jun. 2004.

DUBET, F. O que é uma escola justa? **Cadernos de Pesquisa**, São Paulo, v. 34, n. 123, p.539-555, set./dez. 2004.

DYE, T. D. **Understanding Public Policy**. Englewood Cliffs: Prentice Hall, 1984.

ERVATTI, L. R.; BORGES, G. M.; JARDIM, A. de P. (Org.). **Mudança demográfica no Brasil no início do século XXI**: subsídios para as projeções da população. Rio de Janeiro: Ministério do Planejamento, Orçamento e Gestão/IBGE, 2015. Disponível em: <http://biblioteca.ibge.gov.br/visualizacao/livros/liv93322.pdf>. Acesso em: 31 mar. 2017.

EXECUTIVA NACIONAL DA MARCHA ZUMBI. **Por uma política nacional de combate ao racismo e à desigualdade racial**: Marcha Zumbi contra o Racismo, pela Cidadania e pela Vida. Brasília: Cultura Gráfica, 1996.

FALEIROS, V. de P. Natureza e desenvolvimento das políticas sociais no Brasil. In: CFESS – Conselho Federal de Serviço Social; ABEPSS – Associação Brasileira de Ensino e Pesquisa em Serviço Social. **Capacitação em serviço social e política social**. Brasília: UnB/Cead, 2000. p. 40-56. Módulo 3.

FARENZENA, N.; LUCE, M. B. Uma contribuição ao movimento instituinte do Sistema Nacional de Educação. **RBPAE**, v. 31, n. 2, p. 437-449, maio/ago. 2015.

FERNANDES, R. C. **Privado, porém público**: o terceiro setor na América Latina. Rio de Janeiro: Relume Dumará, 1996.

FRANÇA, M. A. G. et al. Ressignificando o conceito de risco nas pesquisas e práticas voltadas à infância contemporânea. **O Social em Questão**, Rio de Janeiro, ano 6, n. 7, p. 23-44, 1 sem. 2002.

FREIRE, M. D. Paradigmas de segurança no Brasil: da ditadura aos nossos dias. **Revista Brasileira de Segurança Pública**, v. 3, n. 2, p. 100-114, ago./set. 2009. Disponível em: <http://revista.forumseguranca.org.br/index.php/rbsp/article/view/54>. Acesso em: 26 jun. 2017.

FROTA, M. G. da C. **Associativismo civil e participação social**: desafios de âmbito local e global na implementação dos direitos da criança. Tese (Doutorado em Sociologia) – Instituto Universitário de Pesquisas do Rio de Janeiro, Rio de Janeiro, 2004.

FULLGRAF, J. B. G. **A infância de papel e o papel da infância**. 141 f. Dissertação (Mestrado em Educação) – Universidade Federal de Santa Catarina, Florianópolis, 2001.

GADELHA, P.; CARVALHO, J. N. de; PEREIRA, T. R. (Org.). **A saúde no Brasil em 2030**: diretrizes para a prospecção estratégica do sistema de saúde brasileiro. Rio de Janeiro: Fiocruz/Ipea/Ministério da Saúde/Secretaria de Assuntos Estratégicos da Presidência da República, 2012.

GIDDENS, A. **A terceira via**. Rio de Janeiro: Record, 2005.

GOMES, M. de F. C. M.; PELEGRINO, A. I. de C. (Org.). **Política de habitação popular e trabalho social**. Rio de Janeiro: DP&A, 2005.

GONDIM, L. M. de P. Meio ambiente urbano e questão social: habitação popular em áreas de preservação ambiental. **Caderno CRH**, Salvador, v. 25, n. 64, p. 115-130, jan./abr. 2012.

HASENBALG, C. **Discriminação e desigualdades raciais no Brasil**. 2. ed. Tradução de Patrick Burglin. Belo Horizonte: Ed. da UFMG, 2005.

HOFBAUER, A. **Uma história de branqueamento ou o negro em questão**. São Paulo: Ed. da Unesp, 2006.

IAMAMOTO, M. V. **O serviço social na contemporaneidade**: trabalho e formação profissional. 7. ed. São Paulo: Cortez, 2008.

_____. Projeto profissional, espaços ocupacionais e trabalho do(a) assistente social na atualidade. In: IAMAMOTO, M. V. **Atribuições privativas do/a assistente social em questão**. Brasília: CFESS, 2002. p. 33-74.

_____. **Renovação e conservadorismo no serviço social**: ensaios críticos. 9. ed. São Paulo: Cortez, 2007.

IAMAMOTO, M. V.; CARVALHO, R. de. **Relações sociais e serviço social no Brasil**: esboço de uma interpretação histórico-metodológica. 4. ed. São Paulo: Cortez; Lima: Celats, 1982.

IBGE – Instituto Brasileiro de Geografia e Estatística. **Censo Demográfico 2010**. Rio de Janeiro, IBGE, 2010a. Disponível em: <http://biblioteca.ibge.gov.br/visualizacao/periodicos/552/cd_2010_agsn_if.pdf>. Acesso em: 31 mar. 2017.

_____. **Pesquisa Nacional por Amostra de Domicílios**. Síntese de Indicadores 2009. Rio de Janeiro: IBGE, 2010b. Disponível em: <http://www.ibge.gov.br/home/estatistica/populacao/trabalhoerendimento/pnad2009/>. Acesso em: 1 abr. 2017.

_____. **Projeção da população do Brasil por sexo e idade**: 1980-2050. Revisão 2008. Rio de Janeiro: IBGE, 2008. Disponível em: <http://www.ibge.gov.br/home/estatistica/populacao/projecao_da_populacao/2008/default.shtm>. Acesso em: 31 mar. 2017.

_____. **Uma análise das condições de vida da população brasileira 2010**. Rio de Janeiro: IBGE, 2010c. Disponível em: <http://www.ibge.gov.br/home/estatistica/populacao/condicaodevida/indicadoresminimos/sinteseindicsociais2010/default.shtm>. Acesso em: 31 mar. 2017.

IMPEACHMENT de Collor. **O Estado de S. Paulo**, 29 set. 1992. Disponível em: <http://acervo.estadao.com.br/noticias/topicos,impeachment-de-collor,887,0.htm>. Acesso em: 24 jun. 2017.

IPEA – Instituto de Pesquisa Econômica Aplicada. **Nota Técnica estima o déficit habitacional brasileiro**. 17 maio 2013. Disponível em: <http://www.ipea.gov.br/portal/index.php?option=com_content&id=18179>. Acesso em: 28 mar. 2017.

_____. Pobreza, desigualdade e políticas públicas. **Comunicados da Presidência**, n. 38, 12 jan. 2010.

IFSC - Instituto Federal de Santa Catarina. Campus Palhoça. **Aprendendo Língua Brasileira de Sinais como segunda língua**. Palhoça, [s.d.]. Disponível em: <http://www.palhoca.ifsc.edu.br/materiais/apostila-libras-basico/Apostila_Libras_Basico_IFSC-Palhoca-Bilingue.pdf>. Acesso em: 2 maio 2017.

JANCZURA, R. Risco ou vulnerabilidade social? **Textos & Contextos**, Porto Alegre, v. 11, n. 2, p. 301-308, ago./dez. 2012.

KESLEY, P. **Por que precisamos de um sistema nacional de educação**. 18 fev. 2016. Disponível em: <http://www.todospelaeducacao.org.br/reportagens-tpe/37000/por-que-precisamos-de-um-sistema-nacional-de-educacao>. Acesso em: 1º abr. 2017.

KOMEYAMA, N. Filantropia empresarial e entidades da sociedade civil. In: CFESS – Conselho Federal de Serviço Social; ABEPSS – Associação Brasileira de Ensino e Pesquisa em Serviço Social. **Capacitação em serviço social e política social**. Brasília: UnB/CeaD, 2000. p. 197-213. Módulo 4.

KONZEN, A. Conselho Tutelar, escola e família: parcerias em defesa do direito à educação. In: KONZEN, A. et al. (Coord.). **Pela justiça na educação**. Brasília: Fundescola/MEC, 2000. p. 159-192.

LASWELL, H. D. **Politics**: Who Gets What, When, How. Cleveland: Meridian Books, 1958 [1936].

LOBATO, A. T. G. Serviço social e envelhecimento: perspectivas de trabalho do assistente social na área da saúde. In: BRAVO, M. I. S. et al. (Org.). **Saúde e serviço social**. São Paulo: Cortez, 2004. p. 135-149.

LOPES, E. **Política e segurança pública**: uma vontade de sujeição. Rio de Janeiro: Contraponto, 2009.

LYNN, L. E. **Designing Public Policy**: a Casebook on the Role of Policy Analysis. Santa Monica: Goodyear, 1980.

MARICATO, E. Contribuição para um plano de ação brasileiro. In: BONDUKI, N. **Habitat**: as práticas bem-sucedidas em habitação, meio ambiente e gestão urbana nas cidades brasileiras. São Paulo: Studio Nobel, 1997. p. 38-44.

MARSHALL. T.H. **Cidadania, classe social e status**. Rio de Janeiro: Zahar Editores, 1967.

MINAYO, M. C. de S. Violência contra crianças e adolescentes: questão social, questão de saúde. **Revista Brasileira de Saúde Materno Infantil**, Recife, v. 1, n. 2, p. 91-102, maio/ago. 2001. Disponível em: <http://www.scielo.br/pdf/rbsmi/v1n2/v1n2a02.pdf>. Acesso em: 31 mar. 2017.

MUNANGA, K. **Rediscutindo a mestiçagem no Brasil**: identidade nacional versus identidade negra. 3. ed. Belo Horizonte: Autêntica, 2008.

NETTO, J. P. **Capitalismo monopolista e serviço social**. São Paulo: Cortez, 2009.

NOGUEIRA, M. A. **Em defesa da política**. São Paulo: Senac, 2011a. (Série Livre Pensar).

_____. **Um Estado para a sociedade civil**: temas éticos e políticos da gestão democrática. 3. ed. São Paulo: Cortez, 2011b.

NOGUEIRA, V. M. R.; MIOTO, R. C. T. Política social e serviço social: os desafios da intervenção profissional. **Revista Katálysis**, Florianópolis, v. 16, n. esp., p. 61-71, 2013.

NOVAES, R. O Projovem no cenário da Política Nacional de Juventude. In: BRASIL. Secretaria Nacional de Juventude. Projovem – Programa Nacional de Inclusão de Jovens. **Relatório de Atividades ProJovem 2006**. Brasília: Secretaria Nacional de Juventude, 2007. p. 15-40.

OLIVEIRA, A. T. R.; O'NEILL, M. M. V. C. Cenário sociodemográfico em 2022-2030. In: GADELHA, P.; CARVALHO, J. N. de; PEREIRA, T. R. (Org.). **A saúde no Brasil em 2030**: diretrizes para a prospecção estratégica do sistema de saúde brasileiro. Rio de Janeiro: Fiocruz/Ipea/Ministério da Saúde/Secretaria de Assuntos Estratégicos da Presidência da República, 2012. p. 85-90.

OLIVEIRA, F. de. **Crítica à razão dualista/O ornitorrinco**. São Paulo: Boitempo, 2008.

OLIVEIRA, I. M. de. Cultura política, direitos e política social. In: BOSCHETTI, I. et al. **Política social no capitalismo**: tendências contemporâneas. São Paulo: Cortez, 2009. p. 109-129.

OLIVEIRA, R. P. de. **Estado e política educacional no Brasil**: desafios do século XXI. 161 p. Tese (Livre-Docência) – Universidade de São Paulo, São Paulo, 2006.

OLIVETO, P. Ao menos 16% dos idosos no mundo são vítimas de diversos tipos de violência. **Correio Braziliense**, 15 jun. 2017. Disponível em: <http://www.correiobraziliense.com.br/app/noticia/ciencia-e-saude/2017/06/15/interna_ciencia_saude,602623/ao-menos-16-dos-idosos-no-mundo-sao-vitimas-de-diversos-tipos-de-viol.shtml>. Acesso em: 11 ago. 2017.

ONU – Organização das Nações Unidas. Assembleia Geral das Nações Unidas. **Relatório do especialista independente para o estudo das Nações Unidas sobre a violência contra crianças.** Nova York, 23 ago. 2006.

PAIXÃO, M. **500 anos de solidão**: estudos sobre desigualdades raciais no Brasil. Curitiba: Appris, 2013.

PAULA, R. de. **O serviço social na trajetória de atendimento à infância e juventude**. São Paulo: Brasil Social, 2001.

PAZ, R. D. O. da; TABOADA, K. J. Cidades, desigualdades e territórios. In: BRASIL. Ministério das Cidades. **Trabalho social em programas e projetos de habitação de interesse social**. Brasília: Ministério das Cidades, 2010. p. 11-23. Disponível em: <http://www.capacidades.gov.br/media/doc/biblioteca/SNH004.pdf>. Acesso em: 29 mar. 2017.

PEREIRA, P. A. P. Cidadania e (in)justiça social: embates teóricos e possibilidades políticas atuais. FREIRE, L. M. M.; FREIRE, S. de M.; CASTRO, A. T. B. de (Org.). **Serviço social, política social e trabalho**: desafios e perspectivas do séc. XXI. 2. ed. São Paulo: Cortez; Rio de Janeiro: Ed. da Uerj, 2008a. p. 98-116.

_____. Discussões conceituais sobre política social como política pública e direito de cidadania. In: BOSCHETTI, I. et al. **Política social no capitalismo**: tendências contemporâneas. São Paulo: Cortez, 2009. p. 87-108.

_____. **Política social**: temas & questões. São Paulo: Cortez, 2008b.

PERONI, V. M. V. Mudanças na configuração do Estado e sua influência na política educacional. In: PERONI, V. M. V.; BAZZO, V. L.; PEGORARO, L. (Org.) **Dilemas da educação brasileira em tempos de globalização neoliberal**: entre o público e o privado. Porto Alegre: Ed. da UFRGS, 2006. p. 11-23.

PETERS, B. G. **American Public Policy**. Chatham: Chatham House, 1986.

PINSKY, J.; PINSKY, C. B. (Org). **História da cidadania**. 2. ed. São Paulo: Contexto, 2008.

PIOVESAN, F. Direitos sociais, econômicos e culturais e direitos civis e políticos. **Sur – Revista Internacional de Direitos Humanos**, São Paulo, ano 1, n. 1, p. 21-47, jan. 2004.

PORTO, M. A Política Nacional do Idoso: um Brasil para todas as idades. **ComCiência**, n. 35, set. 2002. Disponível em: <http://www.comciencia.br/reportagens/framereport.htm>. Acesso em: 25 mar. 2017.

POULANTZAS, N. **O Estado, o poder, o socialismo**. Rio de Janeiro: Graal/Paz e Terra, 2000.

RAWLS, J. **Uma teoria da justiça**. São Paulo: M. Fontes, 1997.

ROCHA, R. da F. A questão étnico-racial no processo de formação em serviço social. **Serviço Social & Sociedade**, São Paulo, n. 99, p. 540-561, jul./set. 2009.

RUA, M. das G. Análise de políticas públicas: conceitos básicos. In: RUA, M. G.; CARVALHO, M. I. V. (Org.). **O estudo da política**: tópicos selecionados. Brasília: Paralelo 15, 1998. p. 231-260.

SANTOS, S. A. dos. **Educação**: um pensamento negro contemporâneo. Jundiaí: Paco, 2014.

SAUER, M.; RIBEIRO, E. M. Meio ambiente e serviço social: desafios ao exercício profissional. **Textos & Contextos**, Porto Alegre, v. 11, n. 2, p. 390-398, ago./dez. 2012.

SAVIANI, D. Sistema Nacional de Educação articulado ao Plano Nacional de Educação. **Revista Brasileira de Educação**, v. 15, n. 44, p. 380-412, maio/ago. 2010.

SILVA, E. R. A.; ANDRADE, C. C. A Política Nacional da Juventude: avanços e dificuldades. In: CASTRO, J. A. de; AQUINO, L. M. C. de; ANDRADE, C. C. (Org.). **Juventude e políticas sociais no Brasil**. Brasília: Ipea, 2009. p. 41-70.

SILVA, M. L. de O. e. O Estatuto da Criança e do Adolescente e o Código de Menores: continuidades e descontinuidades. **Serviço Social & Sociedade**, São Paulo, v. 83, p. 30-48, set. 2005.

SILVA, R. L. N. da. Políticas públicas e administração democrática. **Sequência**, Florianópolis, v. 33, n. 64, p. 57-84, jul. 2012. Disponível em: <http://www.scielo.br/pdf/seq/n64/n64a04.pdf>. Acesso em: 24 mar. 2017.

SILVA, T. D. **Políticas de igualdade racial no Brasil**: avanços e limites. 2013. Disponível em: <https://aplicacao.mpmg.mp.br/xmlui/bitstream/handle/123456789/1212/11%20-%20Politica%20igualdade%20racial%20-%20tatiana%20dias%20silva.pdf?sequence=1>. Acesso em: 25 mar. 2017.

SOUZA, D. G. de. **Acesso e permanência na UFPR:** uma análise da política de assistência estudantil (2010-2014). 150 f. Dissertação (Mestrado em Educação) – Universidade Federal do Paraná, Curitiba, 2016.

SOUZA, C. Políticas públicas: uma revisão da literatura. **Sociologias**, Porto Alegre, ano 8, n. 16, p. 20-45, jul./dez. 2006.

SOUZA, I. de L. Serviço social e educação: uma questão em debate. **Interface**, Natal, v. 2, n. 1, p. 27-41, jan./jun. 2005.

SOUZA, M. S. de. Meio ambiente urbano e saneamento básico. **Mercator – Revista de Geografia da UFC**, Fortaleza, ano 1, n. 1, p. 41-52, jan./jun. 2002.

SPOSITO, M. P.; CARRANO, P. C. R. Juventude e políticas públicas no Brasil. **Revista Brasileira de Educação**, Rio de Janeiro, n. 24, p. 16-39, set./dez. 2003.

SUBIRATS, J. Definición del problema. Relevancia pública y formación de la agenda de actuación de los poderes públicos. In: SARAVIA, E.; FERRAREZI, E. (Orgs.). **Políticas públicas**: coletânea. Brasília: Enap, 2006. p. 199-218. v. 1.

TELLES, E. E. **Racismo à brasileira**: uma nova perspectiva sociológica. Rio de Janeiro: Relume Dumará/Fundação Ford, 2003.

THEODOULOU, S. Z. The Contemporary Language of Public Policy: a Starting Point. In: THEODOULOU, S. Z.; CAHN, M. **Public Policy**: the Essential Readings. Upper Saddle Riverey: Prentice Hall, 2005. p. 1-19.

TONELLA, C. Políticas urbanas no Brasil: marcos legais, sujeitos e instituições. **Sociedade e Estado**, Brasília, v. 28, n. 1, p. 29- 52, jan./abr. 2013. Disponível em: <http://www.scielo.br/scielo.php?script=sci_arttext&pid=S0102-69922013000100003>. Acesso em 28 mar. 2017

VICTOR, R. **Judicialização de políticas públicas para a educação infantil**: características, limites e ferramentas para um controle judicial legítimo. São Paulo: Saraiva, 2011.

YAZBEK, M. C. Os fundamentos do serviço social na contemporaneidade. In: CFESS – Conselho Federal de Serviço Social; ABEPSS – Associação Brasileira de Ensino e Pesquisa em Serviço Social. **Capacitação em serviço social e política social**. Brasília: UnB/Cead, 2000. p. 20-34. Módulo 4.

Respostas[1]

Capítulo 1
Questões para revisão

1. d

   A primeira etapa refere-se à identificação de que existe um problema, uma dificuldade a ser resolvida, que, portanto, necessita de uma intervenção, de uma ação, ou seja, da materialização de uma política.

2. b

   Marshall utilizou os elementos civil, político e social em seus estudos e reflexões. Os direitos civis (século XVIII) foram os primeiros a serem conquistados e estão relacionados ao exercício da liberdade

---

[1] As fontes citadas nesta seção constam na lista final de referências.

individual: a liberdade de ir e vir; a liberdade de imprensa, pensamento e fé; o direito à propriedade; o direito de concluir contratos válidos; e o direito à justiça. Os direitos políticos (século XIX) referem-se à possibilidade de participar do exercício do poder político, como membro eleito de um dos organismos integrantes do Estado ou como seu eleitor. O direito social (século XX) refere-se ao bem-estar econômico e à segurança.

3. a

Essa nova institucionalidade democrática trouxe como consequência a ampliação da participação política no processo de redemocratização do país.

4. A reflexão quanto ao conceito de *justiça social* deve estar atrelada ao debate sobre a cidadania e o subsídio do Estado para a promoção de políticas públicas que garantam o acesso de todos os cidadãos aos bens econômicos e sociais produzidos coletivamente. Tal conceito não está ligado à ideia de meritocracia ou privilégio, e sim ao direito social.

5. A vinculação profissional do Serviço Social aos interesses da classe trabalhadora ocorreu numa conjuntura social de revisão crítica, conhecida na área como *Movimento de Reconceituação*, que originou o chamado *projeto ético-político profissional*, o qual, por sua vez, esteve engajado ao projeto de redemocratização do país e à elaboração da Constituição Federal de 1988.

Capítulo 2

Questões para revisão

1. a

A doutrina da "proteção integral" confronta o defasado modelo da doutrina da "situação irregular", do Código de Menores de 1979, que foi alvo de críticas de especialistas da área, pois não considerava a criança e o adolescente como sujeitos de direitos, permitindo tratá-los com excessos, repressão e controle.

2. a

A partir da década de 1990, o Serviço Social conquistou um novo espaço sócio-ocupacional, que é o da política de educação, e passou a atuar tanto em âmbito governamental (federal, estadual e municipal) quanto em instituições de ensino privadas, organizações não governamentais etc., consolidando, assim, seu projeto ético-político e, consequentemente, operando uma mudança de paradigmas.

3. d

O assistente social está, de fato, inserido nos mais variados espaços sócio-ocupacionais. Porém, o que definitivamente não corresponde a um dos espaços de trabalho em que esse profissional desenvolve suas práticas é o campo da política partidária, ainda que cada indivíduo seja livre para se filiar a qualquer partido político.

4.

Defesa dos direitos humanos; promoção dos direitos e controle e efetivação dos direitos.

5.

Educação básica, educação profissional, educação superior e educação especial.

Capítulo 3
Questões para revisão

1. a

A Lei n. 8.989/1995 determina a isenção do Imposto sobre Produtos Industrializados (IPI) na aquisição de automóveis destinados ao transporte autônomo de passageiros por pessoas com deficiência física, visual, mental severa ou profunda, ou autistas, de modo direto ou por seu representante legal. Essa lei visa propiciar a pessoas com deficiência melhores condições para sua mobilidade.

2. b

A Lei n. 10.098/2000, em seu art. 2°, apresenta algumas definições, entre elas a de *acompanhante*: "aquele que acompanha a pessoa com deficiência, **podendo ou não** desempenhar as funções de atendente pessoal" (Brasil, 2000b). Portanto, entre as definições apresentadas na questão, a de *acompanhante* (IV) é a única falsa.

3. d

No âmbito da assistência social, é assegurado à pessoa com 65 anos ou mais que não tenha condições de prover o próprio sustento nem de tê-lo provido pela sua família um benefício mensal no valor de um salário mínimo, no âmbito da Lei Orgânica da Assistência Social (Loas). Para fazer jus ao recebimento do benefício, o idoso deve comprovar renda familiar mensal *per capita* inferior a um quarto do salário mínimo.

4. Sugestão de resposta: Conforme o inciso III do art. 3º da Lei n. 8.842/1994, "o idoso não deve sofrer discriminação de qualquer natureza" (Brasil, 1994b)

Esse inciso destaca o respeito devido à condição do idoso e o cuidado para que não haja discriminação social, econômica ou política contra o idoso e todos os seus direitos sejam garantidos.

5. Podemos afirmar que os fatores que contribuíram para a mudança no comportamento reprodutivo das mulheres brasileiras estão diretamente ligados às transformações econômicas e culturais da sociedade, sobretudo o aumento da escolaridade da mulher, associado à sua inserção no mercado de trabalho, assim como a facilidade de acesso aos métodos anticoncepcionais.

Capítulo 4

Questões para revisão

1. d

Entre os nove desafios que deveriam fazer parte PNJ, está o de "Promover os direitos humanos e as políticas afirmativas" (Castro; Aquino; Andrade, 2009, p. 51).

2. b

A ligação entre meio ambiente, saneamento básico, cidades e habitação é intrínseca. Do ponto de vista do Serviço Social, não é possível examinar essas áreas de forma isolada. Para compreender as questões de habitação e saneamento básico das cidades, é preciso considerar as questões ambientais. Afinal, como observa Spósito (2001, citado por Souza, 2002, p. 43), "o ambiente não se restringe ao conjunto das dinâmicas e processos naturais, mas [...] [engloba as] relações entre estes e as dinâmicas e processos sociais".

3. a
A desigualdade social que caracteriza a sociedade brasileira, constitui-se em uma forma de violência estrutural e é responsável pelo desenvolvimento da violência interpessoal, nos variados segmentos sociais, principalmente no meio familiar.

4. O Estatuto da Juventude define novos direitos da juventude: ao território, à livre orientação sexual, à participação social e à sustentabilidade.

5. O universo de atuação é diversificado, exigindo do profissional que tenha conhecimento teórico, histórico, metodológico e ético, além de criatividade e dinamismo. Na execução do seu trabalho, o profissional de Serviço Social conta ainda com instrumentos que são importantes para o desenvolvimento de suas ações, como relatórios, pareceres sociais e a convocação das partes envolvidas em situações de violência nas quais é chamado a intervir. Porém, é imprescindível ter clareza de que esses instrumentos devem estar afinados com as bases teóricas e metodológicas da profissão, pois estas são os recursos essenciais a serem acionados no exercício do trabalho (Iamamoto, 2008).

Sobre as autoras

Daniele Graciane de Souza é mestre em Educação, especialista em Questão Social na Perspectiva Interdisciplinar pela Universidade Federal do Paraná (UFPR), especialista em Recursos Humanos pela União Educacional de Cascavel (Univel) e graduada em Serviço Social pela Universidade Estadual do Oeste do Paraná (Unioeste). É autora dos livros *Produção capitalista e os fundamentos do serviço social (1951-1970)* e *Capital, trabalho e Serviço Social (1971-1990)*. Tem experiência na área da educação superior pública, atuando como assistente social na UFPR desde 2008, função em que trabalha com a política de assistência estudantil.

Silvia Maria Amorim Lima é mestre em Educação pela Universidade Federal do Paraná – (UFPR), especialista em Supervisão Escolar pela Universidade Candido Mendes (Ucam) e graduada em Serviço

Social pela Universidade Federal do Pará (UFPA). É autora dos livros *Educação escolar das relações étnico-raciais: história e cultura afro-brasileira e indígena no Brasil*, *Produção capitalista e os fundamentos do serviço social (1951-1970)* e *Capital, trabalho e Serviço Social (1971-1990)*. Tem experiência na área da educação como professora, orientadora e supervisora educacional na rede privada de ensino básico, nos Estados do Pará e do Maranhão. Desde 2010 trabalha com política de assistência estudantil, atuando como assistente social na UFPR.

Os papéis utilizados neste livro, certificados por instituições ambientais competentes, são recicláveis, provenientes de fontes renováveis e, portanto, um meio responsável e natural de informação e conhecimento.

Impressão: Reproset
Janeiro/2023